奥多摩
山、谷、峠、
そして人

山田哲哉＝著

山と溪谷社

奥多摩全域概念図

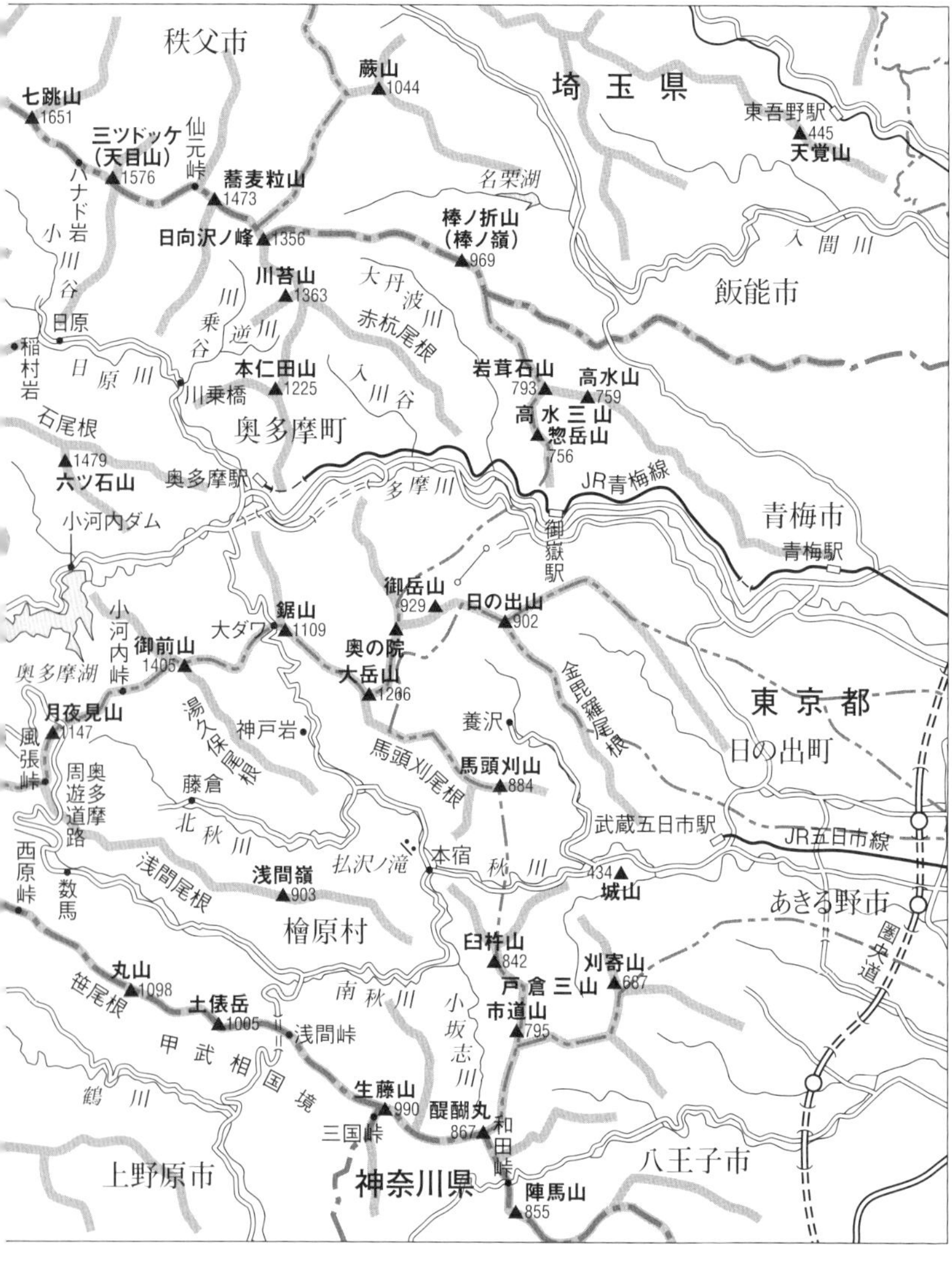

秩父市
埼玉県
蕨山
1044
七跳山
1651
三ツドッケ
（天目山）
1576
仙元峠
蕎麦粒山
1473
東吾野駅
445
天覚山
名栗湖
ハナド岩
小川谷
日向沢ノ峰
1356
棒ノ折山
（棒ノ嶺）
969
入間川
飯能市
川苔山
1363
川乗谷
逆川
大丹波川
赤杭尾根
日原
稲村岩
日原川
川乗橋
本仁田山
1225
入川谷
岩茸石山
793
高水山
759
高水三山
惣岳山
756
石尾根
奥多摩町
1479
六ツ石山
奥多摩駅
多摩川
JR青梅線
御嶽駅
青梅市
青梅駅
小河内ダム
御岳山
929
日の出山
902
小河内峠
御前山
1405
大ダワ
鋸山
1109
奥の院
大岳山
1266
奥多摩湖
東京都
月夜見山
1147
湯久保尾根
神戸岩
養沢
金毘羅尾根
日の出町
風張峠
周遊道路
奥多摩
藤倉
馬頭刈尾根
馬頭刈山
884
北秋川
武蔵五日市駅
JR五日市線
西原峠
数馬
浅間尾根
払沢ノ滝
本宿
秋川
434
城山
浅間嶺
903
あきる野市
檜原村
圏央道
臼杵山
842
刈寄山
687
丸山
1098
笹尾根
土俵岳
1005
浅間峠
南秋川
戸倉三山
市道山
795
小坂志川
甲武相国境
鶴川
生藤山
990
三国峠
醍醐丸
867
和田峠
八王子市
上野原市
神奈川県
陣馬山
855

雁坂嶺
2289
黒岩尾根
雁坂峠
雁坂小屋
雁坂トンネル
古礼山
2112
笠取山
1953
雁峠
水干
笠取小屋
滝川
和名倉山（白石山）
2036
唐松尾山
2109
将監峠
将監小屋
龍喰谷
一之瀬川
大洞川
霧藻ヶ峰
1523
西谷山
（黒ドッケ）
1718
長沢山
1738
長沢背稜
1699
水松山
芋ノ木ドッケ
1946
三軒小屋尾根
天祖山
1723
孫惣谷
タワ尾根
雲取山荘
雲取山
2017
ハゲ岩
2077
飛龍山
大常木谷
奥多摩小屋跡
三条の湯
後山川
七ツ石山
1757
鷹ノ巣山
1737
七ツ石小屋
ミサカ尾根
新地平
広瀬
笛吹川
1673
石保戸山
山梨市
白沢峠
倉掛山
1777
落合
小常木谷
竿裏（サヲラ）峠
天平尾根
奥
板橋峠
鶏冠山
1716
丹波
丹波川
丹波山村
峰谷
鴨沢
小河内神社
三窪高原
柳沢峠
泉水谷
1671
柳沢ノ頭
鹿倉山
1288
追分
小菅川
小菅村
丸川荘
大菩薩嶺
2057
フルコンバ
大マテイ山
三頭山
1531
大菩薩峠登山口
大菩薩峠
キノ寝通り
鶴峠
介山荘
松姫峠
奈良倉山
1349
上日川峠
小金沢山
2014
松姫湖
甲州市
山梨県
源次郎岳
1477
日川
黒岳
1988
雁ヶ腹摺山
1874
葛野川
湯ノ沢峠
N
0
5km
大月市

はじめに

明け方、玄関の扉の鍵をコッソリと開け、外に出た。夏独特のモヤッとした空気とは違い、吸い込む大気は爽やかで、空は青かった。初めて親から離れての秘密の外出。早朝の誰も歩いていない舗装道路の真ん中を歩く解放感。でも、真夏の奥多摩、標高1000mをわずか200m程度超えた大岳《おおだけ》山の登山は、大部分が美しい森の中だったとはいえ、やはり過酷な暑さだった。汗みどろでヨタヨタになって勝ち取った憧れの山頂だった。あの日、僕は子どもから「少年」へと成長した。

東京多摩地区なら、青梅線や五日市線のどの駅へも1時間半あれば行ける。あの大岳山を出発点に、最初はおずおずと、やがては毎週のように奥多摩へ通った。一つ一つの山頂への登山は、やがて縦走に。登山道から、地図上で探してきた明瞭に延びるヤブの尾根に。そして初めて家の暖かい布団を抜け出してめざした雲取山頂の避難小屋への宿泊へと、少しずつ行動範囲を広げ、夢中で登り続けた。

工事現場から無断で拝借したヘルメットを被り、ワラジを履き、沢登りへと向かう前夜は、不安と興奮で一睡もできなかった。そして出会った滝、釜……。自分が暮らす東京の片隅に、こんなに美しくワクワクと人を魅了する場所があるとは、その場に立つまで信じられなかった。

どれだけ多くの人が、この奥多摩で山登りのすばらしさ、楽しさを知ったことだろう。僕が子どもから少年へと成長したように、たとえば退職して時間のできた初老の男が、ちょっとした好奇心で登り始めた山のおかげで、今までの自分とは違う「登山者」というアイデンティティをもつ人へと生まれ変わることもある。山に登るために生活習慣を改め、時には筋トレをし、つまり「昨日までの自分とは違う何者か」になるため、意識的に生きるはつらつとした人生を獲得した人もいる。それらの人々にとっての「最初の山」は、きっと多くが奥多摩だったはずだ。

奥多摩は、一つ一つが個性ある山容をもち、表情はそれぞれに異なり、山頂からの眺めは多彩である。ひとまたぎできそうな小さな流れでも、実はその中には頭上はるか高くから瀑水を落とす雄壮な滝を隠し、底知れぬ青々とした釜をもつ「沢」だったりする。降り積もった雪は、時には道を覆い隠し、思わぬラッセルを強いられることもあるが、誰の踏み跡もない山頂に立つときは、太古の昔、その山頂に初めて立った古代人が感じたであろう達成感と同じ感動が得られる。

奥多摩の山々には無数の楽しみ方があり、訪れた者に毎回、必ず新たな発見をもたらしてくれる。ガリガリの体軀の痩せっぽちの子どもが、少年となり、青年となりながらたどった奥多摩は、そのたびごとにすばらしい夢を与えてくれた。

奥多摩の山、この山塊にこそ、登山の魅力、楽しさ、可能性が満ちていると信じ登り続けた者の本がここにある。夕暮れの西の空に浮かぶシルエットとなった奥多摩に惹かれる者は、どうぞ、読んでくれたまえ！

目次

本書は『山と溪谷』２０１８年１月号〜２０２０年１月号の連載「奥多摩　山、谷、峠、そして人」に加筆修正のうえ、新章を加えたものです。

1章

奥多摩を歩き続けて52年。奥多摩とはどういうところか？

大岳山《おおだけ》は奥多摩の山々のなかで、誰がどこから見ても「それ！」と特定できる山だ。

北《きた》アルプスの槍《やり》ヶ岳や劔岳《つるぎ》のような、はっきりとわかる山容の山々とは違い、カドのとれた、穏やかな山が連なる奥多摩の山は「あれは○山」と、山名を間違えずに言うのは難しい。そのなかにあって、丸い頭の上にポコンと尖った山頂部を突出させたキューピーの頭のような独特の形は、何回か奥多摩に登った者なら「あっ！　大岳山だ！」と、すぐに見つけることができる。富士山から見ても、雲取《くもとり》山から見ても、その形は変わらない。この大岳山を見つけることで、周囲の山の名前も一つ一つ確認できる、座標のような存在だ。

僕が生まれ育った東京都武蔵野市は、東京23区の西に隣接した街だ。井《い》の頭《かしら》公園と吉祥寺の印象が強いこの街も、僕が生まれた63年前は、「武蔵野」の名にふさわしいのどかな農村だった。現在、わが家の北50mを走る井の頭通りは、当時は水道道路と呼ばれていた。村山、山口の貯水池から、1960年代に廃止された新宿西口の淀橋浄水場（現在は高層ビル群になっている）まで巨大送水パイプが埋設された上に造られた道で、今は武蔵野市より西側は多摩湖自転車歩行者道となっているが、当時は幅広い原っぱの連続だった。小学校へも中学校へも、僕はこの原っぱを通学路としていた。

初冬の夕方、銀杏の木が葉を落とし始め、見晴らしがよくなると、真っ赤な夕焼け空に黒々とした山々のシルエットがクッキリと見えた。富士山の左側が丹沢。富士山の右に一定の標高で連なるのが大菩薩《だいぼさつ》。その右にあるのが奥多摩だ。

そのなかで、ハッキリと脳裏に焼きついたとんがり帽子の山が大岳山だ。その背後には、今思えば雲取山などが見えていたはずだが、御岳《みたけ》山から大岳山、その大岳山から左に長々と延びる馬頭刈《まずかり》尾根が大きく視界を遮って君臨していたためか、なぜか記憶には残っていない。この武蔵野から見た西の空の山の連なりは、右端の武甲《ぶこう》山の尖った独特の姿で終わる。遠足で行った高尾《たかお》山などは、夕暮れのシルエットのなかでは大菩薩などの背後の連山に飲み込まれ、山を特定することはできなかった。

「あの尖った独特の山」である大岳山の名前を正確に知る機会は、意外にも早く訪れた。小学5年生のとき、家族で御岳山へ行った。御獄《みたけ》駅からバス、ケーブルカーと乗り継ぎ、宿坊の連なる御岳山神社の家並みが途切れ、七代《ななよ》ノ滝へと遊びに行った途上で休んだ長尾平《ながおだいら》の展望台から、手の届きそうな近さで見上げた巨大で黒々とした重厚な山。奥の院を右手前に従え、あのとんがり帽子のような山頂部を載せた大きな山。茶店の人に「あの山はなんですか?」と尋ねた。オオタケサン。そうか、あいつか！　近くの指導標には大嶽山の文字。おそらく「奥多摩主脈縦走路。大嶽山、御前山《ごぜん》、三頭山《みとう》に至る」と書いてあったはずだが、僕にはもう大岳山しか目に入らなかった。

すぐにでも行きたかったが、家族旅行の延長では、すぐそこに見えてはいても、連れてってくれ、と言える場所でないことは子どもでもわかった。

その日、七代ノ滝の雄壮な姿を見て、帰りはケーブルカーに乗らずに山麓まで歩いて下りたことで、山を歩くことの意味が少しわかったような気がした。大岳山への橋頭堡はこうして架けられた。新緑が眩しい、御岳山周辺の一日だった。

夏休みになった。早朝に玄関の鍵をコッソリと開けて表に出た。リュックサックには、当時、日地出版から出ていた登山用地図と、前夜作っておいた、食パンにイチゴジャムを塗りたくった2食分（朝食、昼食）の食料。小さな水筒と野球帽。誰もいない道を三鷹《みたか》駅に向かい、集合したのは忘れもしない4時45分。立川5時28分発、氷川《ひかわ》行き（奥多摩駅になったのは71年）に乗るための時間だった。4人で行くはずが、親にバレて1人が脱落。小学5年生3人の、夏の大冒険が始まった。事前に調べておいた青梅線の乗り換え、御嶽駅からケーブル下へのバス、ケーブルカーへの乗車。あの長尾平から一歩を踏み出すまで、緊張の連続だった。

ルートのほとんどは盛夏の濃い緑の下に続く、潤いに満ちた道だった。ロックガーデン、奥の院経由と2本の道が分岐。そのたびに地図を確認し、芥場《あくば》峠への道を汗だくになって登る。岩場を越えて少し下ると大岳山荘と大岳神社。ここから一気に続く登りは急で、岩場も出てくる。あの「トンガリ」

の部分を攀じ登っているのを実感しながら急峻な道をたどると傾斜が落ち、いきなり西側が開けた明るい山頂に放り出された。夢にまで見た大岳山山頂。標高1266mの山に登るには、おそらく最も不適当な炎暑のなか、僕たちは山頂に立った。

炎天下の平日だったが、登山者が木陰で休んでいた。そのなかの一人、革製の登山靴にニッカーズボンという完璧な登山者装備に身を包んだ男子高校生が、山を一つ一つ教えてくれた。

「隣の山が御前山。その奥に黒く高く横たわるのが大菩薩《だいぼさつ》。多摩川を挟んで大きくそびえる鷹《たか》ノ巣《す》山。そしてあれが、東京都でいちばん高く、2000mを超える雲取山だ」

恥ずかしながら、東京にそんな立派な山があるとは思ってもいなかった。雲取山、クモトリヤマ……。あれが最終目標だ。とりあえず次の目標は、隣に端正な三角形でそびえ、ここより少し高そうな御前山だな！　いま思えば、真夏の昼間の展望はボンヤリとしていたはずだが、西に行くほど高く、深く、奥へと続く山々は「次」と「そのまた次」の夢が詰まったすばらしい眺めに思えた。

御岳山からの帰りは下りが中心だから楽だろうと思っていたが、意外に長かった。お金がないのでさらにケーブルカー下の参道を駆け下ったのは、もっとつらかった。

あんなに憧れていた大岳山の夢が実現した。改めて帰りの電車の中で広げた日地出版《にっち》の地図。そこでは、大岳山は孤立した山ではなく、尾根でつながり、谷を越え、巨大な山塊「奥多摩」の一角を占める山であることが理解できた。最初の奥多摩との出会い、登山の第一歩はこうして刻まれた。

「奥多摩」の範囲

「奥多摩」とは、最大支流の秋川《あき》を含めた多摩川の、水源地帯の山と谷からなる山域だ。

１９６０年発行のガイドブック『奥多摩の山と谷』（山と渓谷社）では、多摩川の水源地帯全部を奥多摩と呼んでいて、多摩川最初の一滴が滴り落ちる水源の山・笠取《かさとり》山や、大菩薩北面も奥多摩に入れている。最近は秩父多摩甲斐国立公園の東京都部分のみを奥多摩と呼ぶ傾向が強いが、多摩川流域の山として奥多摩を捉えるなら、笠取山から雲取山までの奥秩父東部とかぶる部分も奥多摩に含めるのが、本来あるべき考え方だと思う。僕も、古くから奥多摩に関わってきた山岳関係者にならい、奥多摩の山々を４つのブロックに分けて概説しよう。

多摩川水源地帯

最も西にあり、多摩川が流れ出すエリアを「多摩川水源地帯」と呼ぶ。

ここは多摩川源流とされる笠取山から東へ、不遇の奥多摩最高峰・唐松尾《からまつお》山（２１０９ｍ）、飛龍《ひりゅう》山、東京都最高峰・雲取山と続く稜線がある。稜線の大部分は標高２０００ｍを超え、南面は山梨県、北面は埼玉県となる。この埼玉県側は奥秩父の領域だ。南面は大部分が東京都の水道水源林として保護・管理されていて、大常木《おおつねぎ》谷、龍喰《りゅうばみ》谷、後山《うしろやま》川、大菩薩からは泉水谷などの渓谷が流れ出す。笠取山、唐松尾山、飛龍山などの大きな山がありながら、それらを結ぶ奥秩父主脈縦走路はもともと水源林の巡視路として造られたため、山頂は通らず、南面に巻き道として続いている。そのため山頂に登る道は80年ごろまで、どこも踏み跡程度だった。

笠取山に広瀬から雁峠《がん》経由で登るルートと、丹波山村《たばやま》からミサカ尾根を経由して飛龍山に登るルートへはバスでアプローチできるが、それ以外は中央本線・塩山駅からも青梅線・奥多摩駅からも遠い。山そのものも大きいが、取り付くのに時間がかかる山である。山は大きく、谷も深く、他の奥多摩の山々とは一線を画する、体力、知識ともにより必要な、難しい山々だといえるだろう。

多摩川北岸の山々

多摩川水源地帯の山に次いで変化に富む山域が「多摩川北岸の山々」だ。

西端は雲取山。ここから東方向へ延びる二本の尾根は、一本が東京都と埼玉県を分け東に向かう長沢背稜《ながさわはいりょう》とそれに続く尾根。もう一本が奥多摩駅近くまで延びる石尾根《いし》だ。長沢背稜は、芋ノ木ドッケで三峰口《みつみねぐち》への尾根と分かれ東に向かい、長沢山から水松山《あららぎ》で南に信仰の山・天祖山《てんそ》への尾根を分ける。さらに酉谷山《とりだに》、三ツドッケ、蕎麦粒山《そばつぶ》へと延びて、日向沢ノ峰《ひなたさわ》で南に川苔山《かわのり》、本仁田山《ほにた》への尾根を分ける。日向沢ノ峰からさらに東に棒ノ嶺（棒ノ折山）、高水三山《たかみず》と続き、最後は青梅丘陵となって関東平野に下り着く。標高2000mを超える雲取山から標高800mを切る高水山まで、亜高山から里山に至る広大な山と谷だ。

雲取山東面は日原川《にっぱら》の流域だ。川苔山、鷹ノ巣山、棒ノ折山、高水三山など、人々に親しまれている山が多いのに対し、芋ノ木ドッケから水松山、天祖山周辺は訪れる者も少なく、奥多摩でも極めて不遇な山域といえる。この山域には、日原川とその支流に大きな滝を秘めた無数の沢が存在する。沢登りの対象として、かつては多くの遡行者を迎えていたこともある。ただ、沢が複雑に入り組み、傾斜の強い山も多い。川苔山などは多くの登山者を迎えている印象に反して、道迷いや滑落などのトラブルも多い。日原川上流の山々は、御岳山周辺などと比べて山の規模も谷の深さも大きい。深山のよさをしみじみと感じられる、奥多摩がもつ顔の一つだといえるだろう。

奥多摩主脈

奥多摩の真ん中に位置し、多くの登山者に親しまれているのが「奥多摩主脈」の山々だ。日の出山から御岳山、大岳山、御前山、三頭山と続く多摩川南岸に、奥多摩の背骨を形作る山々が並ぶ。標高こそ三頭山の１５３１ｍが最高で、多摩川北岸の山々に比べると低いが、どこから見ても奥多摩の中核にあり、アクセスのよさと、一つ一つの山の高い人気によって、奥多摩の山といえばこの奥多摩主脈を指すと思っている人も多いだろう。

この山域で一般の人にも親しまれているのは、御岳山神社と御岳山だ。東京に住む者にとって高尾山と並ぶ観光の山だが、高尾山より山の奥深さを感じられる。そして僕の最初の山だった大岳山。すばらしい展望の山で、南東に馬頭刈尾根を延ばし、北西には鋸《のこぎり》山を経て奥多摩駅に鋸尾根を延ばす。御前山は、かつては奥多摩に春を知らせるカタクリの花で有名だったが、美しい三角錐の山容と、秋川側と多摩川側で大きく変わる雰囲気など、独特のよさをもっている。

奥多摩有料道路（当時。現在の奥多摩周遊道路）の開通で駐車場と化した月夜見《つきよみ》山を越えると、奥多摩主脈の主峰・三頭山がある。中腹に「都民の森」が造られ、1時間半で登頂できるようになってしまったが、山頂北西面の大きなブナ林と、奥多摩湖からの1000mを超える標高差、鶴《つる》峠から大菩薩に続く位置といい、奥多摩主脈の王者である。

秋川上流の山々

最後は「秋川上流の山々」だ。多摩川の最大支流である秋川は、穏やかで明るい。その水源となる山々にも明るく静かな里山の雰囲気が漂う。

秋川の水源は三頭山周辺だ。三頭山からは奥多摩主脈のほかに、東京都・山梨県・神奈川県を分けながら高尾山まで東へと延びる甲武相《こうぶそう》国境尾根をもつ。この尾根は西原《さいはら》峠付近で1000m程度まで標高を落としたあと、奥高尾の和田峠手前まで、この標高を保ったまま緩やかに上下する国境の山として存在する。三頭山寄りは笹《ささ》尾根と呼ばれ、終始、富士山が望める。

二頭山の東の風張《かざはり》峠から東へ延びる浅間《せんげん》尾根も、標高1000m程度を緩やかに上下する尾根だ。南北秋川の分水嶺で、檜原《ひのはら》村中心部の本宿《もとしゅく》と秋川上流の集落との行き来は、戦後までこの浅間尾根を通じて行なわれていた。

秋川上流の2本の尾根は、山里の人々の生活の山だった。屋根を葺くカヤを刈るカヤトが随所にあり、薪炭の材料の雑木林が広がり、炭焼き窯跡が点々と残る。

甲武相国境尾根から分岐した戸倉三山（臼杵《うすき》山、市道《いちみち》山、刈寄《かりよせ》山）は比較的傾斜がきつく、標高の割に厳しい表情をもつが、稜線上の生藤《しょうとう》山、丸山、土俵岳、浅間嶺《せんげんれい》などは歩行時間4時間前後で充分に楽しめ、危険箇所も少ない。晩秋から早春にかけては、この山域が最も魅力を発揮する季節だ。他の山々が寒さや凍結などでハードルが高くなる時期でも、山里ののどかなたたずまいが楽しめる、ホッとする貴重な山域だ。

変わったもの、変わらないもの

僕が初めて奥多摩を歩いてから52年が経過した。大きく変わったこともあれば、変わらないこともたくさんある。最も変わったのは、生活の山としての奥多摩から、登山の山としての色合いが濃くなったことだろう。僕が大岳山を皮切りに奥多摩の山々を歩き始めたころは、どんな山奥にも、山で暮らす人の姿があった。沢登りの途上、雲取山直下の里から遠い流れにも石垣が築かれ、ワサビ田が必ずあった。そこで生活する人々のワサビ小屋が点々と存在した。林業等の森林作業、水源林の管理の造林小屋が随所にあり、それらは山仕事の人の生活の場でもあった。

この60年代の終わりごろは、原生林、広葉樹の森がすさまじい勢いで伐採され、建築用木材のスギ、ヒノキの植林への転換が盛大に行なわれていた。チェーンソーの音が響きわたり、カヤトにも次々と植林された。その後、木材需要の減少と、外国材による国内材の駆逐によって、植林された木々の多くが放置され、間伐や枝打ちが行なわれない荒涼とした人工林が残された。日本中の山と同様に、車道の延伸と林道建設が急速に進んだのも、60年代の終わりごろからだった。

奥多摩主脈の御前山と大岳山の間の大ダワに車道が建設され、秋川上流の数馬《かずま》と奥多摩湖畔を結ぶ奥多摩有料道路が月夜見山、風張峠付近を通って建設されたのも70年代だった。

口原川本流や支流の小川谷にあった歩道や登山道も、谷を埋めながら車道が建設され、消滅した。奥多摩の隣に続く大菩薩のように、稜線近くまで到達する車道が建設され、周囲の景色から訪れる登山者の層まで大きく変わってしまったのに比べれば、開発の規模は小さい。それでも、人工物を見ないで歩ける部分は非常に少なくなったと感じる。

薪炭の材料を採り、屋根用のカヤを刈り、ワサビを育て、山と共存して生活していた人々が廃業を余儀なくされ、山から下りると同時に、山麓や山中から人々がいなくなった。かつて「こんな山の中に……」と驚くほど深い山中にあった人家や造林小屋、ワサビ田は荒廃している。

多くの分校があった檜原村、奥多摩町の小中学校は本校に統廃合され、小中学生は長距離の通学を強いられている。その子どもたちも、奥多摩に定着することなく多くが離れていく。

それでも、奥多摩は東京をはじめとする首都圏の登山者にとって、やはり最初に踏み入る貴重な山域だ。以前とは大きく変わってしまっても、依然として緑の濃い、美しい水を生み出す山と谷が、大きく横たわっている。

変わらないものを、変わってもなくならない山の魅力を、一つ一つ探っていこうと思う。

2章

笠取山

赤土の滑りやすい斜面を、尻もちをつかないように慎重に下りていった。濃い霧が辺りを包んでいる。ミズナラ等の木々の大きな枝が浮かび上がる。小さな窪に、少し濡れた古ぼけた看板。「東京湾まで１３８㎞。多摩川水源」の文字が見えた。5月の末、まだ緑色が山肌を上ってくる前のしっとりとした季節なのに、水源らしい水の気配はない。苔むした岩の間から、10秒に1滴くらいの滴りがポツン、ポツンと落ちていた。ささやかな、山の斜面の小さな一角。ただ、芽吹き、新緑の水源の森の雰囲気は悪くなかった。

日原《にっぱら》川上流の日陰名栗《ひかげなぐり》沢という沢を遡行し、石《いし》尾根縦走路から雲取《くもとり》山に登頂。縦走に移って雲取山から雁坂《かりさか》峠へと一人縦走する途中、笠取《かさとり》山から下りてきて立ち寄ったのが、水干《みずひ》だった。

多摩川水源の地とはいっても、当時は手書きの古い看板と、「最初の一滴」の上に小さな苔むした水神社が置かれている以外は、なんの変哲もない、わからないほどの場所だった。それでも僕の頭の片隅に「奥多摩西端の笠取山の下に、たしか多摩川の水源があったはずだ。一度、何かの折に行ってみたい」という認識があったからこそ、この場を訪れたのだった。思いのほか小さな水源ではあったが、そのささやかさがうれしかった。

夕方になると天気は回復し、まだ緑が浅く、キツネ色が支配する雁《がん》峠にツエルトで泊まった。フクロツの鳴き声が一晩中続いていたのが思い出される。

この水干への最初の訪問は1973年、僕が高校を卒業した年だった。大学入試には合格していたが、ある事情で入学できず、定職にもついていない特殊な環境にいた。

雁峠から雁坂峠を巡って下山した1週間後、僕は横浜から船に乗って海外に出た。それからの2年間、履歴書には書かれることのない空白の、そして激動の時間を過ごすことになる最後の山行を、僕は多摩川水源地帯を歩くことで過ごした。「もう、山なんて二度と来られないかもしれない」。そんな思いで見た水干だった。雁峠の隣の雁坂峠の下に巨大トンネルが建設されるなど、まだ話題にもなっていない、静かな時代だった。

*

多摩川水源を水干と呼ぶ。これは、水がその場で干上がることに由来する。水干の上にあるピークが笠取山。遠くから眺めても、「あれが笠取山」と特定するのが難しいほど小さなピークだが、埼玉と山梨の県境にあり、その名の起こりも、武州と甲州の役人が国境の山であることで、お互いに頭に被った笠を取って挨拶したことに始まるという。

笠取山の山頂の北側・埼玉県側は、鬱蒼とした原生林とコケの空間が広がる。奥秩父に属するこの地には、僕が70年代に雁峠を越えて荒川・滝川方面に下りたことのある峠道が廃道になってからは、実線の登山道がまったくない空白部が広がっている。

一方、南側の山梨県側は明るい草原と広葉樹に覆われ、雁峠にかけては奥多摩・奥秩父で最も広い山上の草原だ。笠取山から雁峠方面に下り、東に水干への道を分岐した次の小ピークに、いつのころからか「小さな分水嶺《ぶんすいれい》」の看板ができた。多摩川、荒川、笛吹《ふえふき》川の3つの川の流域を分けるピークだからだ。

水干、笠取山、雁峠の草原はかつて、レンゲツツジやヤナギランの咲くお花畑だった。2度の大きな山火事のあと、シカの食害もあって、現在では花はかつてよりもぐっと減ってしまったが、原生林のイメージの強い多摩川水源地帯では、その明るい広がりはここだけのものだ。

笠取山は雁峠方向から見ると三角錐の美しい山容で、遠くから眺めたときの不明瞭な雰囲気とは違い、草原が山頂へと続く、キリッと締まった山容をしている。登りきった所に「山梨百名山」の笠取山の標識があるが、山頂はもう少し東側だ。所々に露岩があり、北側にシャクナゲの群落が続くやせた稜線をたどると、埼玉県が建てた立派な山頂標識のある本物の笠取山山頂に飛び出す。北面は原生林に覆われて展望は利かない。南面は多摩川水源の大きな広がりと大菩薩《だいぼさつ》、富士山、南アルプスが木の間越しに見られる。この山頂から東に向けて、多摩川水系最高峰・唐松尾《からまつお》山へと、細々とした稜線の道が始まる。

水干はかつて「えっ、これが水源?」と、あまりの素朴さに驚かされたものだが、現在は木のテーブルとベンチが置かれ、小さな広場として整備されている。水源には「多摩川水源」の立派な案内板もあり、ちょっとした公園のようになっている。また、「水源の水場」という標識と整備された道が造られ、水干の100mほど下流、風化した花崗岩の間から水が染みだす場所へも歩いていけるようになった。これは、東京都水道局の手による「水源の森」整備事業によるものだ。笠取山周辺のほか、三頭《みとう》山周辺、柳沢峠周辺でも同時に歩道や標識が整備されたが、周囲の雰囲気を大きく壊してはいない。僕が初めて訪れたときのように、未整備な赤土の斜面を慎重に下りる必要はなくなったのだ。

実はこの多摩川水系の上流部分は、行政的には山梨県甲州市（かつての塩山《えんざん》市）と丹波山《たばやま》村に属する。しかしその大部分（丹波山村では全面積の70％以上）は、東京都水道局水源林として、東京都によって管理、保護されている。

土木王国・山梨県では、多くの森や山が、堰堤、車道、トンネルなどの人工物建設により、標高2000m近くまで徹底的に痛めつけられているのに対し、この多摩川水系は、集落のある一ノ瀬高原周辺で河岸がコンクリートで固められている以外は堰堤工事等の破壊をほとんど受けず、大菩薩北面の柳沢川と合流し、丹波川と名前を変え、奥多摩湖に注ぐまで、流れそのものは太古のままの姿を保っている。

これは1903年、東京市長・尾崎行雄が、東京都民の生活水、飲料水の大部分を依存している多摩川水源地帯を視察し、水源の豊かな森を守ることが東京の安定的な水資源の確保に必須であることを知り、水源地の大部分を取得、保護してきたからだ。

笠取山周辺の山や谷を歩くと、縦横に走る水源林道（歩道）の存在に気づかされる。標高1500

m前後まではミズナラやブナが生育し、上部ではシラビソ、モミ、ダケカンバが点在する水源の森は、ただ保護されているだけでなく、崩壊地を固め、シカの食害対策を行ない、手厚い管理の下にある。尾崎が施策した当時、富国強兵と脱亜入欧の専制国家建設に邁進していた感のある時代にあって、これほどの先見性と根本的な生活基盤の整備を考えた人物がいたことに驚きを感じる。

新緑の季節に笠取山周辺を歩いて南側を見下ろせば、広大な明るい広葉樹の森と、小さな山ひだとなって多摩川に注ぐ無数の支流の美しさが今も維持されていることに感謝の気持ちが浮かぶ。

*

笠取山は、かつては日帰りが難しい遠い山だった。当時は塩山《えんざん》駅から青梅街道の落合までバスが通じていて（80年代に廃止。ここ数年は週末に運行）、そこから犬切峠《いぬきり》を越えて一ノ瀬高原に下降し、作《さく》場平《ばだいら》から一休坂のミズナラの巨樹の森を抜け、笠取小屋前に出て山頂に向かうのが最も一般的だった。もう一つ、笛吹川上流の広瀬から広川沿いの道を登り詰め、雁峠に出て笠取山に向かう方法があった。

現在は、タクシーかマイカーで作場平まで入れば容易に日帰りできる。また中島川橋から黒槐尾根《くろえんじゅ》に付けられていた水源歩道が登山道として整備され、作場平からの道よりも安定的な登山道ができたため、笠取山は快適で滑落等の心配の少ない登りやすい山になっている。中島川口、作場平口からの道は、馬止と一休坂下が水源歩道の中段歩道によって結ばれている。地形図の読める人なら、これらの道を使えば、この山域を周回するなど、さまざまな形で楽しめる。広瀬から雁峠に至る道も、70年代後期に林道が造られ、登山道歩きの区間はかつての3分の1となっている。

笠取山はどの季節が楽しいだろうか？

10月末から11月、広葉樹の巨樹が多い山腹の森は、黄葉を中心にみごとな色合いに包まれる。一人歩きでも、ガサゴソと落ち葉を蹴散らしながら歩けばにぎやかな気分になる。

僕が最もよく訪れるのは初夏の新緑の季節だ。新緑とミツバツツジ、繁殖期を迎えた鳥の声に占領されたにぎやかな雰囲気と、生まれたばかりの水流を次々と越えながら奥秩父主脈縦走路を歩くのは、水源の山らしい独特の雰囲気がある。

笠取山は、奥多摩の西端を占める「はじまりの山」だ。草原を歩き、森をたどり、生まれたばかりの川と出合うと、遠く東に青梅丘陵や草花丘陵を経て、東京の街並みに没する奥多摩の大きさを改めて感じるだろう。奥多摩で最も人為的な変更をされていない独特の雰囲気が、ここにはある。

3章

棒ノ折山

大晦日の終夜運転の青梅《おうめ》線が、僕たち3人だけを残して去っていった。冷え切った軍畑《いくさばた》駅は、踏切の警報器のカンカン鳴る音が途絶えると物音一つしなくなった。歩き出した平溝川沿いには点々と人家があり、たった今、新年を迎えたばかりなので、所々に明かりがついていて人の気配はあったが、車道の終点から向こうはスギの漆黒の闇だった。

初日の出を見ようと青梅線・軍畑駅から高水《たかみず》山、岩茸石《いわたけいし》山を越えて棒《ぼう》ノ折《おれ》山（棒ノ嶺）をめざし、日付が変わるころに歩き出す。初めて経験する深夜の登山だった。急登を終えると尾根に出た。懐中電灯と石油ランプが照らす足元に、ホオノキの大きな落ち葉が見えだすと、赤々と直火が燃え盛る山上の寺・常福院《じょうふくいん》の境内に出た。ここは当時（1967年元日）、寺と「都民観光の家」という宿泊施設を兼ねていた。燃えるかがり火と大きな不動尊の伽藍、秩父でよく見るキバの生えた狼を狛犬のように置いた独特の雰囲気は、子ども心にも威厳を感じた。

常福院の背後にある広葉樹の斜面を登ると最初のピーク、高水山。暗闇と夜道への漠然とした恐れから速足だったのだろう、やけに早く着いた。岩茸石山へは葉を落とした雑木林が左右にあり、夜でも周囲が見渡せて、頭上の星と青梅から飯能《はんのう》方面の町明かりが美しく、黙りがちだった2人の友人か

らも笑い声が聞こえだした。まだ中学1年生で、深夜に出かけたこともなく、夜の山の雰囲気に興奮していたのかもしれない。急峻な岩茸石山への登りを終えて着いた山頂は、深夜なのに展望があることに驚いた。

名坂《なさか》峠への急峻な下りから、棒ノ折山への尾根歩きが始まる。ここからは未知のルートだ。明るい雑木林とスギ、ヒノキの暗い森が交互に現われ、「尾根歩き」の楽なイメージをもっていたので、次々と現われる小ピークの登り下りはつらかった。こんな深夜まで起きていた経験はなく、眠気は頂点に達していた。黒山からは登りが続き、権次入《ごんじり》峠からは急登になった。周囲を遮るものはなく、胸くらいの高さのカヤトの中をグイグイと登り続ける。前方に赤々とした火の気配。東の方角には足元まで迫る勢いの東京の光の渦が輝く夜景があった。人の声がして、登り着いた山頂は広大で、その真ん中に大きな焚き火が燃え盛っていた。

登山者と、「消防」と大書したハッピ姿に地下足袋の男たちがいた。総勢で30人くらいいただろうか？「元日の初日の出を山で見てみよう！」と地図を見て、自分たちで探し出した「僕たちだけの初日の出の絶好ポイント」と信じた棒ノ折山山頂は、実は初日の出のメッカなのか？と、その人数に驚いた。日の出までの時間の長さと、汗が冷え、強く感じだした寒さが待っていた。ポンチョ（当時の雨具）を被ってしゃがんでいたら、「そんな所にいないで焚き火にあたれ。風邪ひくぞ！」と声をかけてもらった。あぶった餅も食べさせてもらった。大人に交じって日の出を待つのがうれしかった。
巨大焚き火の暖かさにウトウトしたり、星空を見上げたりしているうちに、少しずつ周囲が明るくなってきた。東の空がオレンジ色になってきたが、初日の出はなかなか現われない。ハッピ姿のおじさんが、「こりゃぁ、日の出る場所に雲があるなぁ」と残念そうにつぶやく。東京湾だろうか？ その上に帯状の雲が薄くたなびいている。でも、雲を透かして、その雲の上に片鱗が出て、間違いなく1967年の初日の出が姿を現わした。山頂にいた人々から上がる万歳三唱の声。少し恥ずかしくて、小さい声で僕たちも和した。

　初めて登った棒ノ折山の山頂は、今とは別の山かと思うほど広々としていた。子どものときと大人になってからの「規模」に対する感覚の違いもあるかもしれないが、明るくて大きな草原の山、それが初めて見るこの山の印象だった。木が一本もない、カヤトの原の山だったのだ。今、たどってきた高水三山からの道は、遠く細く尾根となって続いていた。はるかな高い山は雲取《くもとり》山と大菩薩《だいぼさつ》であることを教えてもらった。元日だから初日の出を見たら急いで帰らなくてはいけないのに、寒くてしょうがないのに、歯をカタカタいわせながら、誰もいなくなった焚き火も消された山頂から、僕たちは立ち去れなかった。高い、広い展望台のような山頂からの最後の下山者として、今まで見たこともない巨大な霜柱があちこちにある、ひどく急峻な斜面を、カヤトからスギの植林の中へと駆け下り、百軒茶屋から車道となった大丹波《おおたば》川沿いの道を川井駅へと歩いていった。

　棒ノ折山は、雲取山から東京都と埼玉県を分けながら東へと延びる尾根の上に立つ山だ。深山ではなく、足元に飯能市、青梅市の集落が迫る、美しい三角錐の里山だ。繰り返すが、この山は、かつては「全山カヤトの山」だった。初めて訪れた60年代後期には、少しずつ確実に、カヤトの中にスギ、ヒノキの苗木が植えられていたのを思い出す。冬場は明るい枯れた色に覆われる、遮るもののない展望の山だった。

当時の奥多摩を思い出すと、カヤトの原は随所で見られた光景だった。棒ノ折山のカヤトは、すぐ下の集落である青梅市大丹波、飯能市（当時は名栗《なぐり》村）下名栗の人々によって、山村の茅葺《かやぶ》き屋根を守る材料として使われていた。何年かに一度、集落の共同作業としてカヤを刈り、下ろし、新しい屋根を葺く、そんな生活の材料を生み出す場所としてカヤトはあった。

それが消えていったのはなぜか？　何より、絶えず保守が必要な茅葺き屋根が敬遠され、カヤの上にトタンを被せる家が出現し、さらに、そのカヤも取っ払われてトタン屋根へと葺き替えられた。山里から若手が流出し、この大変な茅葺き屋根の葺き替えを共同で担う集団作業が維持できなくなったのも大きい。そこに建築用木材の需要増が訪れた。カヤトに次々と植えられたスギ、ヒノキ。しかし、国内産木材の需要は長くは続かなかった。かけそば60円の時代に、アメリカの没落で1ドル360円の固定相場が変動相場となったのが大きな背景としてある。植林し、枝打ちをし、間伐を定期的に行ない、長いスパンで初めて木材として運び出される良質な国産材より、森林破壊のそしりを受けながら、海外からはるばる船に乗せて輸入するほうがはるかに安い時代がすぐにやってきた。

今、棒ノ折山だけでなく奥多摩の多くの山で、消費という出口をなくしたまま人工林が放置されているのは深刻な問題だ。広葉樹の雑木林は薪炭の材料として伐られても、その脇から新芽を出し、人の手を入れなくても世代交代が可能だ。それに対し、いったん人工林として自然林を伐採した森は、植林、間伐、伐採、そして再びの植林という手入れを絶えず必要とする。一見、緑の豊かな森に見えながら、枝打ち、間伐が行なわれず、太陽の光も風も入らない、下草ひとつ生えない砂礫の上に立つ人工林が、生き物の気配もなく、花粉だけをまき散らして広大に広がるのが現状だ。

標高1000mをわずかに切る棒ノ折山は、無理なく日帰りできる人気の山だ。名栗湖から白谷《しらや》沢沿いに沢登り気分を味わって登り、尾根道を下る周回コースは4時間前後で楽しめる。埼玉・東京都県境の尾根から日向沢《ひなたさわ》ノ峰《うら》、長尾丸と越えてくる縦走路もある。高水三山からの尾根は遠いけれど変化に富み楽しい。大丹波川・清東《せいとう》橋からのルートは、一瞬も緩まない急峻な登りの末に短時間で頂上に到達できる。カヤトがなくなって植林の山の印象が強くなり、かつてのような広々とした明るい広がりがなくなっても、山頂の展望自体は大きくは変わらない。

棒ノ折山は、低山と言ってよい標高にもかかわらず、重大事故を含むトラブルの絶えない山だ。歩行時間は短くても登り下りする登山道の傾斜は強く、路肩をわずかに踏み外しただけで意外な転落が起きる。白谷沢からの道はよく整備されていて、沢の魅力を満喫できる好ルートだが、降雨後のわずかな崩壊などで枝沢やルンゼへ迷い込む事故が起きる。また、人工林独特の仕事道の錯綜が道迷いを生み出す。埼玉県・東京都にまたがり、行方不明者の捜索は、管轄の異なる2つの警察により長期にわたることも少なくないようだ。普通の注意を払って歩けば、決して危険のない山なのだが。

初めて訪れたときの強い印象から、棒ノ折山は高水三山と結んで歩くのがいちばん好きだ。大丹波川を挟んで名山・川苔《かわのり》山が近く、遠く雲取山へと少しずつ標高を上げていく長大な尾根の存在を実感できるからかもしれない。

棒ノ折山と岩茸石山を結ぶ尾根上にある名坂峠は、大丹波川と青梅市成木《なりき》を結ぶ道が越える。30歳ごろ、ふと思い立ち、初冬の一夜、シュラフにくるまってここに泊まった。煌々と照る月明かりの下、大きな座布団のようなムササビが頭上を飛び、驚いて跳ね起きた。朝、シッポの大きなキツネが足元を駆け抜けていった。里山の暮らしが山麓に残りながら、ムササビ、キツネといった動物が姿を見せる。ほのぼのとした魅力が棒ノ折山にはある。

4章 浅間尾根

秋の終わりだった。都会には珍しい完璧な黒に近い青空が、雲一つなく広がっていた。眩しい朝の光とは対照的に、日陰の暗さが夜のように感じられる、そんな朝だった。

新宿区内の高校に通うために毎日使う三鷹《みたか》駅のホームからは、奥多摩の山がよく見えていた。

「あの山の上には、今日はどんな風が吹いているんだろう?」

こんな美しい秋の空の下、いつもどおり学校に通う生活が突然、ひどくむなしく思えてきた。僕はきびすを返して駅の階段を駆け上り、隣のホームに入ってきた下り電車に飛び乗った。立川で青梅線に乗り換えようと思ったが、五日市線の発車が先だった。何も考えずにその電車に乗り、武蔵五日市《むさしいつかいち》の駅で降りて檜原《ひのはら》方面のバス乗り場に向かう。当時はコンビニなんてなかったから売店でパンでも買いたかったが、そんな所はなかった。

島嶼部を除き、現在では東京都で唯一の「村」である檜原村の役場前でバスを降りた。払沢《ほっさわ》ノ滝の入口で「浅間《せんげん》尾根から三頭山《みとう》」の標識を見つけ、「浅間尾根か!」と、そちらに向かう。

奥多摩主脈の最高峰・三頭山へと向かうたくさんのコースの一つ、浅間尾根ルートは、払沢ノ滝から南北秋《あき》川を分ける尾根で、風張《かざはり》峠の西側で奥多摩主脈に出る長大な尾根であることは本で知ってい

た。初めて歩く道だった。

歩き始めは車道で、道の脇に国民宿舎があった。生活路らしく街灯などもある道は、時坂《とっさか》の集落に立つ民家の軒先をくぐるように歩き、急な登りが続く。火の見櫓のある家を最後に、古くからの峠道らしい安定した登山道になった。やがて、古びた社がある小さな広場に着いた。そこが時坂峠だった。大きなモミジの木があり、真っ赤な紅葉がすばらしかった。首を落とされた六地蔵があり、古くからの峠であることが感じられた。

檜原村の中心街が見下ろせる、東側が開けた明るい峠は長閑《のどか》だった。都心のほうも見渡せた。僕は、ここまでの登りで満足した。汗が冷え、寒さが感じられるまで、山里の景色を飽きるまで見ていた。そして、今しがた登ってきた道を駆け下りた。入口だけしか味わわなかったが、いつかきっと、浅間尾根をきちんと訪れようと思った。

*

奥多摩、奥秩父の山々の先駆者の一人・田部重治《たなべじゅうじ》は、戦時中、南秋川のどん詰まりの集落である数馬《かずま》に疎開していた時期がある。「数馬の一夜」という小さなエッセイや、『山旅と随想』などの著書に、南北秋川のことや、檜原村の中心地・本宿《もとしゅく》にある橋本旅館での思い出が書かれている。

そのなかに、当時は南秋川の川沿いの道より、浅間尾根道こそがメインルートであったことが書かれていた。尾根道のほうがはるかに安全で、明るく楽しかった、との記述がある。敗戦後の都会の燃料不足を補うため、田部自身が、山村で必要な生活物資を浅間尾根から背負って数馬に運び、炭を持って帰った経験を紹介している。南秋川の渓谷は穏やかだが、おそらく当時の土木技術では、増水や台風で絶えず変化する可能性のある川沿いの道をしっかりと維持するのは難しかったのだろう。南秋川沿いの道が細く不安定だったこと、穏やかな渓谷美がすばらしく、所々で振り返りながら歩いた……とある。鶴《つる》川上流から笹《ささ》尾根を越え、南秋川の集落、さらに浅間尾根を通って檜原から五日市、八王子へと、塩、炭、蚕《かいこ》が行き来する、山村を結ぶ産業道路としての当時の浅間尾根の姿が浮かび上がってくる。

　表の道としての甲州街道に対して、最近は甲州古道などの看板のある浅間尾根道は、裏街道として、山里の生活路、小さな交易路として位置づけられていた。登山者にとっては、敗戦後、三頭山に登る道の一つとして、笹尾根と共に長大なルートとして、ガイドブックの表舞台に出てくる。

＊

　地図を見て、檜原村全体と、南北秋川、それを分ける浅間尾根を見渡すと、村のど真ん中を貫く背骨のような位置と、南北それぞれの集落から尾根へ上がる小さな峠の存在に気づく。檜原村中心部の本宿にあるタクシー会社の運転手からこんな話を聞いた。

「今でこそ一つの村としてまとまった檜原村だけど、昔は北秋川は平家の末裔、南秋川は甲斐の影響が強く清和源氏《せいわげんじ》（武田家・甲斐源氏）の末裔との意識が強くて、交流はなかった。だから、南北から尾根に上がる道はあっても、南と北を結ぶ峠道はないんだ」と。

そうなんだ……、平家と源氏の意識が敗戦後まであったのか。疎遠だった南北の集落も、檜原村という一つの村となり、村と外との交流が活発になって、平家だ、源氏だというこだわりは消えていったのかもしれない。南北の秋川を隔てている浅間尾根の存在は、交通、物資の通行路であるとともに、緩衝地帯だった時代もあるのだろう。

今でも、武蔵五日市駅から数馬までバスで1時間以上かかる。数馬までのバス路線が安定的に運行されるようになっても、僕が子どものころは三頭山そのものが遠く、日帰りでは難しいとされていた。当時のガイドブックでは、秋川側だと数馬に、多摩川側では小河内《おごうち》神社付近に前泊するプランの紹介が多かったように記憶している。朝、山麓の宿を出て、早い時間に山頂に立ち、穏やかな浅間尾根を時間をかけて下る。そんな存在だったようだ。

現在は、風張峠、月夜見山《つきよみ》付近に奥多摩周遊道路が通り、バイクや車が爆音を上げて通過するようになり、三頭山へのルートとしては登り切った場所が車道の横断地点でガッカリさせられ、しかもその先でもしばらく車の騒音が聞こえることから、浅間尾根はいつの間にか、三頭山への登山コースという存在から、三頭山との関係抜きで浅間尾根のみを歩く登山コースとして扱われることが多くなった。

初めて通して歩いたのは数年後、やはり一人で、同じように快晴の晩秋だった。時坂峠から尾根を歩き、払沢ノ滝の水源となる沢へとトラバース気味に下りた場所に、大きな水車のある、風格のある茅葺き屋根の家があって驚いた。水車への水と生活用水の確保のためか、沢から50m近くの距離を竹筒でつなぎ、冷たい水を勢いよく引いていたのが印象的だった。その後、この家が「瀬戸沢《せどさわ》の一軒家」

と呼ばれ、昔は馬の乗り換えの「駅」として存在したことを知る。

この一軒家の先の道は、今では「浅間尾根の石畳」として檜原村の観光資料にも紹介される、古くからの石敷きの道である。広葉樹の森には今の登山道の横に、よく見ると幅広く荷車程度は通行できたようなジグザグの道の痕跡が落ち葉に埋もれていることに気がつくはずだ。今でこそ歩道だが、馬や荷車が通る道だったことがしのばれる。

浅間尾根はその後、いくつかの大きな変化があった。まず、時坂峠と払沢ノ滝入口付近を結ぶ車道が造られた。この道は時坂峠の200m ほど南から分岐するもので、瀬戸沢の一軒家付近まで延長された。その一軒家も、今は週末のみ営業する蕎麦屋になっている。浅間尾根の西側では、南秋川の浅間尾根登山口からの車道が数馬峠を越え、北側の白岩沢林道と結ばれて、峠越えの車道ができてしまった。浅間尾根登山口から払沢ノ滝入口までの縦走中、数カ所で車道の横断や車道歩きを強いられるようになったのは残念だ。

浅間尾根、浅間嶺《せんげんれい》は、その名が示すとおり「富士見の道」でもある。浅間嶺の東側、小高い丘の上にある展望台からは、笹尾根と鶴川上流の権現山の上に頭だけ出したユーモラスな富士山が見える。浅間尾根登山口から標高差400m 程度を登り切れば、払沢ノ滝入口まで、大きな登り返しも危険箇所もない、歩行4時間強程度の穏やかな登山コースだ。

浅間尾根登山口から登り着いた場所が数馬分岐。ここに石仏・馬頭観音《ばとうかんのん》がポツンとあり、ここから時坂峠の先まで点々と置かれている。素朴な笑顔をたたえた、一つ一つ違う表情の石仏を眺めながら歩くのは、この尾根を訪れる楽しみの一つとなっている。葉を落とした広葉樹の森、広大なカヤト跡からは、手が届くような近さで大岳山《おおだけ》、御前山《ごぜん》、三頭山がそびえ立つ。笹尾根が生藤山《しょうとう》付近に小ピークを林立させながら標高を下げていく光景も独特だ。

この浅間尾根は、晩秋から冬、そして早春の山だ。秋に落ち葉を蹴散らしながら歩く音は、家に帰ってしも耳の中に潮騒のように残る。春、アブラチャンやダンコウバイが咲く姿に胸が躍る。そしてここ数年、急速に目立つようになったカタクリの花。4月上旬に北側斜面に群落となって咲く。

馬頭観音の裏面を見ると、江戸時代「元治《げんじ》」年代に建立の物が多い。はるか昔から、人々が生活のために歩き、馬も物資を運び、その後、登山者の道となっていった浅間尾根。そんな時代からの痕跡を探しながら歩けば、奥多摩の違った表情も見えてくる。

稜線上からも、秋川沿いの集落の生活の音が、耳を澄ませば聞こえる。雪の消えた最初の季節に歩きたい道だ。

5章

川乗谷　逆川

山と渓谷社が１９６０年代に出版していた『アルパインガイド　奥多摩の山と谷』はすばらしい本だった。現在のガイドブックとは一味違い、その地域の山に登るためのルートガイドを、人気ルートだけでなく、篤志家《とくしか》しか行かないような目立たないルートも含め、すべて掲載していた。また、一つの山を紹介する際に、沢登りのルートも必ず通常の登山コースと同様に載せていた。積雪期の様子、クライミングのゲレンデ……、奥多摩の山と谷を、雪山も含めて教えてくれる本当のガイドブックだったと思っている。

だから、「奥多摩の山に行きたい」と、この本を手に取り、登山コースを歩くうちに、「この、沢登りっていうのもおもしろそうだな」と、よくも悪くも、次のハードルを乗り越えることへの抵抗が少なかった。また、今から考えると、沢登りのような「登山道として整備されたルート」以外からの登山に取り組む人の割合も多かったのではないだろうか？

60年代の後半ごろは、沢登りを終えた後、使った後のワラジを山頂の木にぶら下げて置いていく習慣があり、「あぁ、沢から上がった人がいるんだ」と、沢登りというバリエーションルートからの冒険に無理なく親近感がもてる環境があった。

僕が沢登りと出会ったのは川苔山《かわのり》だった。中学1年生の5月、新緑の中を川乗橋《かわのりばし》でバスを降り、川乗谷コースを登っていた。この林道の下を流れる川乗谷に聖《ひじり》ノ滝という滝があることを知り、コースを外れて谷へ続く道を下りていった。そこには沢登りの一行がいた。まったくの初心者らしい女性と、先輩らしい数人。その女性が小さな段差の下降を恐れて動けずにいるのを、スタンスを指示して下降させようとしていた。僕は思わず、どこに行くのかを尋ねた。「サカサガワ」。男性は短く答えた。サカサガワが逆川であること。川苔山の山頂から川乗谷に注ぐ急峻な谷であることを、家に帰って例のガイドブックで知る。逆川か……。あの、小さな段差の下降もおぼつかない女性でも登りに行くんだ。

僕たちでも、きっとできるよ!

*

その年の9月の中ごろ、僕たちは5月に下りた踏み跡を下っていた。川乗谷のほとりで靴を脱ぎ、母から借りた白足袋《たび》を履き、その上から釣り道具屋で一足80円で買ってきたワラジを着けた。川乗谷の勢いのある流れに腰まで濡らしながら上流に向かい、地形図で確認した逆川の出合《であい》に立った。

「行こう!」。仲間は、5月にこの場を一緒に訪れた、同じ小学校から同じ中学校に進んだ友人だった。

手元には例のガイドブックから書き写した遡行図《そこうず》があった。この当時の遡行図は、2~3mの小滝も含めて実に詳細で、紹介の文章も「ツルツルに磨かれたゴルジュ」「陽の光も届かない狭まった出合」「上から霧となって注ぐ雄大な滝」と、なかなか刺激的なものだった。でも、初めての「登山道以外からの登山」「沢登り」という、本物の登山者の仲間入りをする最初の一歩を踏み出した少年たちは、この刺激的な文章に少しの誇張も感じなかった。

逆川は出合からすぐに両岸が屹立して、岩は黒く、ツルツルだった。「高巻き」のルートを見つけるのは難しく、かなり厳しい滝も、すべて直登で越えていった。やがて行く手を阻まれる。今、思えば、二段11mの滝だった。下段の3mは頭から水を浴びて水流の真ん中を攀じ登り、次の8mは右のカンテ状を這い上がった。ここまで来たら、もう、登るしかない。

この上で沢はいったん穏やかになる。ゴルジュではなく、少し開けたゴーロの中に滝が点在している感じで、ひと息つけた。右岸にはワサビ田があり、逆川を渡る丸木橋と仕事道が見えた。ワサビ田を間近に見るのは初めてで、一抱え以上ある岩を積み上げて作られた石棚と、濃緑のワサビが生えた姿は驚きだった。

遡行図と地形図を絶えず見比べて、自分たちがどこまで来ているかを議論した。当時、2万5000分ノ1地形図はまだ行きわたっておらず、5万図では小さな枝沢まではわからない。大丈夫かな？大ダワ沢の豊富な水量の合流と、その上にあった例の本の「立ちふさがるような」石門状の狭いゴルジュを確認して、思いのほか進んでいることにホッとする。

逆川は、沢がもつ多くの要素をギッシリと詰め込んだ好ルートだと、今でも強く思うが、この大ダワ沢出合からはナメ滝があり、深い釜もあり、さまざまな形の滝も次々に現われた。一つの曲がり角を越えるごとに現われる、沢が生みだす造形の美しさ、水が澄んできれいで冷たいこと、頭上を覆う緑の濃さ……。僕たちは沢登りの世界を、強い興奮とともに味わった。

深い釜を「へつり」で越えて、狭まったゴルジュを左右の壁につかまって登り、胸まで水に浸かって滝の真ん中を攀じ登った。三段15mの「チムニー状の滝」を突っ張りで越え、さらに登っていくと、頭上からサラサラと落ちる10m幅広の滝に着いた。今までの滝とは違い、傾斜が強く、僕には垂直に見えた。かぶっているように見えた落ち口付近に残置シュリンゲが見える。「あれにつかまって越えよう」。ワラジは快適に岩をとらえた。ホールドも、小さいけれど確実にある。強い流水に打たれているためかヌメリもない。「登れる！」。だが途中で行き詰まる。下から仲間が「もっと右じゃないか？」。そうか。指先がシュリンゲにかかり、滝上に出た。仲間は、もっと上手にカッコよく登ってきた。やったな！

ここで川苔山のウスバ尾根から本仁田《ほにた》山下の大ダワを結ぶ登山道が逆川を越える。ここでやめておこうか、どうしよう？　この上にはワサビ田がずっと続いていた。遡行図では、あとは大滝があるだけで、それは登れないので高巻きでやりすごす、と書いてある。地形図で見ても8割は登ったことがわかる。最後の水が湧く所まで行こう、と遡行を続けた。やがて二俣《ふたまた》。

そしてついに、水量は少ないながらも落差20mを超える大滝と出合った。これはデカイ！「直登不能」と書いてあったが、左壁は岩がデコボコしていて、ホールドはありそうだ。最後は水流の中を上がれる。直登に向かった。行き詰まり、足がミシンを踏むようにガクガクする。先行した仲間は脇から突き出した灌木《かんぼく》につかまり、落ち口へとトラバースを終えた。

これで悪場《あくば》はすべて片づけた。「結局、全部、登ったね」「うん。でも、危なかったね」

やがて、いつしか水は伏流となり、僕たちは傾斜の強いゴーロを登っていた。行く手に小屋が現われた。当時はあった舟井戸《ふないど》の造林小屋前に出たのだ。川苔山の鳩ノ巣コースを行く登山者の声が聞こえた。右に登り、間違いのない正規の登山道、安心な道に出た。白足袋は破れ、ワラジは崩壊寸前だ。山頂に向けて急ぎ足で、最後は走るようにして川苔山山頂に立つ。

初めての沢登りを支えてくれた偉大な履き物・ワラジを脱ぎ、夕暮れ近く、人影まばらな山頂の木に、前に訪れたときに見たように、僕たちもボロボロのワラジをぶら下げた。周囲の登山者に、自分たちが沢登りをしてきたこと、この山頂の下の緑の斜面の中には無数の美しい大きな滝と、澄み切った釜があることを大声で言いたかったが、ただ、笑いながら靴に履き替えた。

＊

あの日から何度、この逆川を訪れたことだろう。多摩川水系に無数にある沢のなかでも、変化に富み、滝が連続し、暗い谷筋を遡行した後に、すばらしい展望の明るい山頂に立てる逆川は、奥多摩でも屈指の魅力ある谷だと思っている。

ただ、その後、逆川は大きな変化を何回か強いられた。70年代に中流部分の広葉樹が、スギやヒノキの植林に植え替えられていくなかで、伐採された広葉樹は谷に打ち捨てられ、沢の半分を埋め尽くしたことがあった。90年代には、シカの食害を主たる原因とする、川苔山南西斜面の大規模な崩壊があり、土砂が釜という釜を埋め尽くした。そのときは、この谷も終わりかと思った。２０１４年の大雪の際には、倒木が谷に多数倒れかかったこともあった。

しかし、沢のもつ自浄作用は強い。必ず、何回かの台風や増水で、木々や釜を埋めた土砂を押し流す。つい最近も遡行したが、初遡行時と大きく変わらない、変化に富んだ逆川が再びよみがえっている。変わったのは、ワサビ田がすべてなくなり、仕事道が少しずつ消え去っていることだ。それ以外は、50年前と同じように刺激的な沢であり続けている。

川苔山は標高１３６３m、奥多摩でも中規模の山にすぎないが、地形が複雑で、逆川のほかにも大《おお》丹波《たば》川の真名井《まない》沢、川乗谷火打石《ひうちいし》谷、南面の入川《いりかわ》谷と、たくさんのすばらしい沢を抱えている。

逆川は僕にとって、最初に「登山道を乗り越えた」冒険としての登山の一歩を踏み出した沢だ。そのとき見せてくれた美しさは、今でも変わらない。

6章

酉谷山（黒ドッケ）

酉谷山《とりだにやま》は、奥多摩でもおそらく最も不便な場所にある山だ。東京都の地図を見ると、埼玉県との県境が緩やかに弓状にカーブする所に、わずかに北側へ三角形に尖った部分がある。酉谷山はその突端にある。つまり、東京都の最北端に位置する山なのだ。

酉谷山は埼玉県側では「黒ドッケ」と呼ばれる。ドッケとは「尖った峰」という意味で、奥多摩ではほかに三《み》ツドッケ、芋ノ木《いものき》ドッケ（芋木ノドッケ）がある。南側の奥多摩側から見ると二等辺三角形の穏やかな山容だが、北側の秩父《ちちぶ》側から見る酉谷山は、手前に小黒という尖峰を置き、その後方に黒々とそびえる姿は大黒とも呼ばれ、ドッケの名にふさわしい凛とした厳しい表情の山だ。

前章ですでに取り上げたが、1960年代に山と溪谷社から出ていた『アルパインガイド奥多摩の山と谷』では、酉谷山を訪れるなら、日原《にっぱら》に前泊し夜明け前に出発すべきであり、日照時間の長い季節に行かないと難しい、と書いた上で、不便さ故に静寂と人臭さがない、と強調していた。酉谷峠から山頂に向かう部分についても、明確な登山道がなくスズタケの間に刻まれた踏み跡を追って行く……、とあった。ハイライトは山頂の表現で、「空き缶やゴミも落ちていない静かな山頂に立てば、まだ、こんな山が奥多摩にも残っていたことに嬉しさがこみ上げる」とまで書かれていた。

しかし、実際に行こうとガイドブックのコースタイムで計算してみると、始発に合わせて三鷹《みたか》の自宅を出ても日帰りは難しい。前泊する費用はないし、駅泊なども検討してみたが、果たせなかった。僕が酉谷山に登ったのは結局、高校生になってから。雲取山から長沢背稜《ながさわはいりょう》をたどっての訪問だった。当時の長沢背稜は訪れる人が少なく、雲取山から三峰《みつみね》神社へ続く登山道から分かれた途端に、道はか細く不明瞭になり、急峻な岩まじりの斜面を木の根につかまって登った。

芋ノ木ドッケから先は、この当時の日原奥《にっぱらおく》の山がすべてそうだったように、濃いスズタケがルートを覆っていた。おそらく刈り払いなどが長期にわたって行なわれていなかったのだろう。頭を超すスズタケが左右から被さり、タッシュという大きなポケットが両側に突き出したキスリングザックを背負っていたので、ヤブに引っかかり、両手で泳ぐようにスズタケを漕ぎ分けて進んだ記憶が鮮明だ。季節は梅雨が明けたばかりの試験休みで、夏休み前だったはずだ。気温は高かったが、露をタップリ含んだヤブ漕ぎで、絞れば山シャツから水が滴るほどの濡れ方だった。なかなか手ごわい道だった。

日原川支流の長沢谷、孫惣谷《まぐそ》の水源地帯を丸木橋で横断し、タワ尾根ノ頭を巻く。水松山《あららぎ》以降、ほとんどが奥多摩側の巻き道の連続だったが、ようやく秩父側をのぞける稜線に出た。地形図を読むと、そこがコルで（その後、行福のタワという名前があることを知った）、ここから稜線伝いに酉谷山へ登れることを確認した。ここまでは鬱蒼とした原生林の道だったのが、カラマツが交じり始めて明るい雰囲気に変わったこともあり、無理をしてでも酉谷山に向かうことにした。

稜線には意外にもかすかな踏み跡があった。スズタケも薄くなり、膝近くの高さになった。秩父側が見下ろせて、思わぬ近さに太陽寺《たいようじ》と思われる建物が見えた。登山経験がまだ少なかったので、とんでもない山奥に紛れ込んだ心細さでいっぱいだったから、これはうれしかった。傾斜が落ち、尾根も広がり、最後の登りを歩くと、そこだけ少し開けた広場に着いた。三角点がポツンとあり、都立日本橋高校と下に小さく書かれた白い手作りの控えめな山名板に「酉谷山」の文字が読めた。とうとう久遠の山頂に立った。木々に阻まれて展望は利かなかったが、それでも鷹ノ巣山《たかのすやま》が真南に雄大な山容を見せていた。

酉谷山からは、まだまだ長い下りが待っている。「踏み跡程度」とガイドブックに書かれていた酉谷峠への稜線は、今までの道よりはるかに歩きやすかった。酉谷峠で、秩父側からしっかりとした大久保林道（歩道）が上がってきていた（現在は廃道）。峠のすぐ下に、酉谷山南面を巻いてきた長沢背稜からの道が通っていた。これを歩いてきていたら、酉谷山に登り返す気力はなかったかもしれない。そして、その下に避難小屋があった。これは昔の地図に茂吉小屋と書かれていたのと同じ場所に建てられたらしい、と思った。

新酉谷小屋と書かれていたが、屋根も壁もすべてトタンで張られ、床は皮も剝していない切ったままのカラマツ材を並べただけの、本当に風雨をしのぐだけの簡素な避難小屋だった。でも、カラマツに囲まれた少し展望の利く明るい雰囲気と、細々ながら水を垂らす水場もあって、いつか必ずここに泊まってみようとの思いを持った。

ここからの下りは厳しかった。地形図ではしっかりとした道に見えたが、それは最初だけ。すぐにポツンポツンとケルンの置かれた沢の中をガラガラと下るようになる。不安になるとケルンが現われる……を繰り返すと、ポンと原生林の中に古びた小屋が現われた。地図などに旧酉谷小屋と書かれている場所で、沢の中で暗く、苔むしてはいたが、建物としてはちゃんとしていた。ここからワサビ田が現われた。道も出てきた。左右から沢が注ぎ、大きな広葉樹の森となって、割谷と滝谷が合流する三叉に着いた。

ここからの小川谷《おがわだに》林道の道はすばらしかった。小川谷右岸をたどっていく道は、タワ尾根から派生した枝尾根を一つ一つていねいに巻き、無数の小さな沢を横断して続いていた。みごとな広葉樹の森の中に、細々とだが確実に林道は続いていた。沢の多くにはワサビ田が作られていた。匂いの強い草が生い茂り、まだ夏は始まったばかりなのに、トリカブトやフシグロセンノウ、イカリソウが鮮やかだった。もう、スズタケのヤブはない。ぐしょ濡れだった山シャツも乾いてきた。どこまでも水平道が続くかと思われた小川谷林道は、大きなミズナラが目立つようになり、少しずつ下り始めた。見下ろした小川谷では車道の工事が始まっていた。カロー川出合の下で車道に下り着き、日原鍾乳洞まで歩いて、雲取山から長沢背稜を通り、初めて酉谷山への初山行は終わった。

大きな山だな、本当に奥まった山だ。奥多摩のほかの山と同等に考えると痛い目に遭う……。それにしてもみごとな森と、猛烈なスズタケのルートだった。強い印象で西谷山は心に刻まれた。

西谷山へは、その後、何度も訪れるようになった。それは西谷山付近に沢登りの名ルートが数多く刻まれているからだった。日原鍾乳洞に最も近く、三ツドッケ付近を水源とし、磨かれた滝と釜が連続するカロー川、たくさんの滝があり、頭から水をかぶる大小屋ノ滝をもつ滝上谷、奥多摩でも屈指の三段50mのタツマの滝があり、滝が連続する犬麦谷、上っ滝、下っ滝という登攀困難な滝をもつ滝谷……。沢登りで毎週のように通い続け、1日に2本連続して登ることもあった。

沢に通ううちに、西谷山周辺の人跡未踏の森の広がりのなかにたくさんの歩道が刻まれていることを知った。森林巡視道、森林作業道、かつてはワサビ田への道……。なかには登山道よりしっかりとした道が、西谷山で生きる人々の証しとして刻まれていた。

最初の西谷山登山で歩いた小川谷林道は、タワ尾根側の下段歩道で、その上には上段歩道もあることを知った。小川谷左岸にも、三又付近から犬麦谷、滝上谷、カロー川を結ぶ歩道がある。西谷山〜三ツドッケの稜線からは、七跳山《ななはね》から割谷近くに下りるゴンパ尾根、犬麦谷近くに下りる七跳尾根、ハナド岩の東からカロー川に向かうハンギョウ尾根道と、網の目のように道が刻まれ、増水した沢からの脱出や、稜線からのエスケープで何回も通った。いずれも目印もない素朴な道だった。

その後、この僻遠の山もやはり大きく変わった。小川谷林道の下に造られた「新」小川谷林道は三又近くまで延び、車で終点近くまで乗り入れれば短時間で西谷山に登れるようになった（現在は入れない）。秩父側でも、天目山林道が七跳山の北側まで造られてしまった。トタン張りだった西谷避難小屋は建て替えられ、前面の壁が透明なアクリル板になり、小屋の中から広大な展望が得られる美しい丸太小屋になっている。

それでも、2011年の東北地方太平洋沖地震の影響で、日原鍾乳洞から先の小川谷林道が通行禁止になり、小川谷からの登山道は荒廃している。秩父側の太陽寺の下、東谷から大血川《おおちがわ》峠に登る道も細くなる一方で、酉谷山は三ツドッケや天祖山とつなげて登るしかない、昔と変わらない「遠い山」となっている。

酉谷山は山頂付近に美しいブナ林をもち、晩春には稜線にシロヤシオが咲く。僕を惹きつけた古いガイドブックのままの印象が今もある、奥多摩本来の山のよさをたっぷりと残した山だ。

7章

大常木谷

奥多摩屈指の展望を誇る飛龍《ひりゅう》山ハゲ岩は雲海の上に浮かび上がっていた。1967年9月、霧雨の天平尾《でんでいろ》根、濃いガスの中のミサカ尾根とたどってきた僕たちは、前飛龍で突然のように日差しの中に出て、このハゲ岩で生まれて初めて雲海を見た。はるか彼方に大きく横たわる南アルプスと富士山、大菩薩《だいぼさつ》が見えていたが、足元には、そのまま乗り移ることもできそうな分厚い白い雲の海が広がっていた。初めて見る自然の作り出す圧倒的な光景を、息をのんで見つめていた。

足元の雲海が動き始めた。雲海の一部が眼前で盛り上がると同時に、ハゲ岩の下の切れ込んだ急斜面が開け、下が見えてきた。その広がりは少しずつ大きくなる。足元には濃緑の森の広がりと、深く落ち込んだ大きな谷があった。2000m近い標高、9月下旬だったから、木々は色づいていたはずなのだが、記憶の中の谷は、濃い一面の緑色の谷だった。

「この谷はなんという名前だろう？」。地図を広げると「大常木《おおつねぎ》谷」と記されていた。近くに小常木《こつねぎ》谷、火打石《ひうちいし》谷、龍喰《りゅうばみ》谷の名前も確認できた。「オオツネギダニ」。この、暗く深い切れ込みは、山の上から初めて遠望した高山である南アルプスの大山塊より、僕を強く惹きつけた。「すごい谷があるものだ……」。これが、この谷の印象だった。

1980年代、『Fall Number』という沢登り専門誌が白山書房から刊行されていた。いま考えれば、50ページにも満たないムックだったとはいえ、沢登りを扱う専門誌が出ていたのは、沢登り不人気の今とは隔世の感があるが、その中に「源流をたずねて」というすばらしい連載があった。書いていたのは大内尚樹という登山家で、東京湾・六郷の多摩川河口から「沢登り」として多摩川水源の水干《みずひ》まで遡行する、ユニークな記録に基づく「多摩川批評」「沢登り論」ともいうべき大作だった。当然、こんな遠大な計画が容易なはずはなく、いったんの挫折、再起を図った後も、テント泊中のパトカーの職務質問や、橋の上からのゴミの投棄の直撃と、散々な目に遭いながら遡行を終えた大内は、多摩川遡行について、こう総括して終わる。

「多摩川百数十キロの遡行は沢登りの新しい展開を求めての旅だった」が、「結果はあまりにも残酷」で「河口から水神の杜まで人工的な影響の痕跡を感じずに済む所などなかったのである」と、多摩川に原始の部分がほぼ皆無であったと評した上で、原始、未知の発見という冒険をめざした「本物の沢登り」は、近代日本の開発と自然破壊によって壊死したと断じた。

多摩川水系の奥に広がる山域を奥多摩であるとするならば、まさに太古のままの姿を保つ原始の世界はほとんどない、との嘆きはほぼ正しい。

僕は、おそらく多摩川水系のほとんどすべての谷、沢をたどってきた。自然林が続き、堰堤などもなく、なかなかよい雰囲気の所もわずかにあるが、大内の指摘は残念ながら当たっている。
が、唯一の革命的な例外が存在した。この大きな濃緑の深い切れ込み・大常木谷のみは、その左右の支流、枝沢も含めて、完全な太古の自然が奇跡的に生き延びた谷だったのだ。

初めてハゲ岩から大常木谷を見下ろした5年後の72年盛夏、僕たちは、奥多摩駅発、塩山《えんざん》行きの急行バスをオイラン淵で降りた。このバスは、丹波山《たばやま》村から塩山市（現甲州市）落合間の、公共交通機関不在の道を、10年間ほど走った貴重なバスだった。

僕たちは、開削途上だった一ノ瀬林道に入り、対岸にクッキリと切れ込んでいる大常木谷を見下ろした。沢の奥には飛龍山が見えており、これが大常木谷であることは間違いない。少しガスがかかり、幽玄な雰囲気に畏怖を感じた。

「こいつか！　これがあの谷なんだ」

一之瀬川右岸に下降点を探したが、傾斜が強く下降は無理だった。かなり上流に向かい、小尾根に踏み跡を見つけ下降する。急峻な斜面を下り続け、豊富な水量の一之瀬川の谷に降りた。

地下足袋にワラジをつけて遡行開始。両岸は屹立した岩壁。ナイアガラの滝を思わせる、磨かれた美しいナメ滝の連続を下る。左岸から合流する、夢にまで見た憧れの大常木谷出合に立った。

「おい。玉砂利だ」

大常木谷出合は、激流に磨かれて角が取れた、寺の境内のように小さな丸い石が敷きつめられた廊下から始まった。すぐに、黒々と磨かれた極端なゴルジュに入る。見上げれば原生林をビッチリとつけた、垂直に近い岩壁が続き、細く区切られた空が遠い。岩は激流に磨かれツルツルだが、ヌメリもコケもなく、ワラジは沢床の岩肌にピタッと張り付き、捉える。胸まで水に浸かって8mのナメ滝を越えると、巨大な釜をもった五間ノ滝が現われた。釜の脇をへつると小さなバンドがあり、頭上から強い水流を受けながら直登できた。ゴルジュの幅は広がらず、キチキチに狭い廊下が続いた。上部から霧が立ち込めるように細かい水滴が落ちてきて、空中に大常木谷の全水量を放水するかのような千《せん》苦《く》ノ滝の下に立った。絶えず降り注ぐ滝の飛沫でビショビショになりながらルートを探す。左壁に可能性があったが、どう見てもザイルの長さが足りない。右の草付混じりの岩壁を大高巻きする。落ち口と並ぶ手前にルンゼの通過があり、怖かった。落ち口から見下ろすと落差が大きく、圧倒されて立ち去った。美しい山女魚《やまめ》淵は、首近くの徒渉で通過。続く早川淵も連続する深い釜を、泳ぎをまじえて通過する。

少し谷が開けてきた。岩も、黒々とした色から花崗岩の白さが目立ち始め、強烈な圧迫感から解放された。右からモミジ沢が美しい滝となって合流した後、大きな深々とした水を湛えた釜をもつ二段の不動ノ滝に出合った。大きさこそ、千苦ノ滝ほどの巨大さはないが、緑の中の優美な雰囲気は、激しさの目立った大常木谷のイメージを変えるものだった。下段は容易に登り、落ち口を徒渉し、垂直の上段の左壁を登った。遡行者が訪れるのか残置ハーケンもあり、滝の爆音と吸い込まれそうな釜に圧倒されながらも登りきる。

出合から一瞬の手加減もなく続いていたゴルジュは不動ノ滝上で終わった。谷はクルミやミズナラの巨樹が林立する明るい原生林の広がりとなり、所々でナメ滝を連ねながら優雅な谷に生まれ変わった。左からカンバ谷が、右から御岳沢が、美しいナメ滝をかけて合流した。

西側が大きく開けた段丘の上に荷物を広げた。薪を大量に集めた。「おい、こんなデカイの燃えないよ」と言いながら、ひと抱えもある流木も運んだ。幸運にも火はすぐについた。初めての沢の中の泊まり。初めての大焚き火。焚き火の強烈な熱量に濡れ物は少しずつ乾き始め、自分たちが大好きな奥多摩の中の巨樹の森に泊まっている興奮に、疲れ果てていたのに夜遅くまで起きていた。焚き火の煙がたなびくたび、谷の形に区切られた少し狭い星空は消されていく……。そんななか、大常木谷の一夜は過ぎていった。

まだ暗い中、エゾムシクイが鳴いていた。それを合図に谷は鳥のさえずりでにぎやかになった。シュラフカバーだけの寒かった一夜は何回も目覚めたが、焚き火にあたって朝を待った。今日も晴れだ。泊まり場の少し上に、立派な大常木林道（歩道）が通っていた。大きなカツラの木の横に、これまた大きな造林小屋・会所《かいしょ》小屋が立っていた。中には炊事用具もあって、山仕事の生活が少し前まで営まれていたのを感じた。もう、核心部は越えたのだ。

ここからは長いゴーロが続いた。それでも所々にナメ滝が点在し、やがて巨石が積み上げられたような滝を濡れながら越えた。次々と左右に支流が分かれ、谷が開けてきた。背後に大菩薩方面の展望も出てきた。

「あっ！　丸木橋だ」。狭いルンゼを登り詰め、奥秩父主脈縦走路の登山道に立った。縦走路を東に向かい、大ダルからハゲ岩に立った。この日は雲海はなかった。見渡す限り、山々が大きく広がっていた。そして、足元に深く、大きく、やはり濃い緑色の大常木谷が広がっていた。みごとな谷だった。そして、すばらしい谷だった。

奥多摩の、多摩川水系の谷はすべて、伐採、植林、堰堤、林道工事によって太古の姿を完全に失ったとの指摘はたぶん正しい。しかし、繰り返すが、この大常木谷だけは、支流の御岳沢、カンバ谷も含めて、その流域すべてで人工的な加工がまったくされていない。もちろん、大きな渓谷だから、流木が釜を埋めたり、斜面の崩壊で流れが変わったりという事象は避けがたい。しかしわが大常木谷は、再びの鉄砲水や大雪で本来の谷の姿に復元する、森の生命力によって必ずよみがえってきた。

大常木谷は、一ノ瀬林道から将監峠《しょうげん》と飛龍山を結ぶ縦走路まで、8時間近い遡行時間を要する大きな谷だ。体力をつけ、技術を磨き、この谷と交わる感性を持った遡行者は、100年前と変わらない奥多摩の本来の姿に接して感嘆することだろう。

8章

三窪高原と倉掛山

いくつにも分かれる踏み跡を追って、レンゲツツジのオレンジと朱色の、海のような高原を緩く下り着いた所に、昔はなかったはずの大きな広場と建物が見えてきた。砂利道の車道は前からあったが、目の前の道はきれいに舗装されていた。遠くからはわからなかった要塞のような建物は、近づくと、山の中とは思えない大きなビルだった。

尾根の上を防火帯に向かい、その建物を迂回するように歩き出したとき、突然の大音量が響き渡った。

「そこの敷地内を歩いている人！　入らないでください！」

鳥の声しか響かなかった山奥で、鳥がバタバタと逃げるように、とりあえず、その建物から離れた方角に移動した。動悸はしばらく収まらなかった。しかしその建物からは、もう2度目の警告の大音量は出されなかった。再び、鳥の声と虫の羽音だけが聞こえる静けさがよみがえった。「な、何なんだ？」。驚きは、不愉快な怒りに変わっていった。

青梅街道の最高点・柳沢峠から多摩川水源・笠取山と雁《がん》峠方面には、古くから斉木《さいき》林道という林業用の車道が通っていた。大菩薩西端の柳沢峠から奥多摩西端の笠取《かさとり》山に向けて、笛吹《ふえふき》川水系と多摩川

水系とを分ける明瞭な南北10㎞を超える稜線がある。その東側を等高線のようにウネウネと、山肌を一つ一つ巻きながら続く林道だった。現在、柳沢峠から青梅街道を北側に200mほど下った所に、笠取林道と記された舗装道路の分岐があるが、ここが端緒だ。ここから板橋峠（先ほどの建物の東側の峠）を経て、倉掛《くらかけ》山の東を巻き、白沢《しらさわ》峠に出て、笠取山登山道のヤブ沢峠を経て笠取小屋下へと延びる林道だ。

今では砂礫が流れ込み、灌木や草に覆われ、元は車道だったといわれてもピンと来ない。だが、白沢峠には放棄された古い米軍の小型トラックがあり、雁峠の北側の草原奥にはオート三輪が放置されている。間違いなく車道だったのだ。

この多摩川水源の山域は、谷の堰堤や大規模な植林がされない一方、今は使われていない古い林道が走っている。主要な尾根の上には幅広い防火帯が刻まれ、稜線上にくっきりと切り開きがつくられた独特な姿が、遠くからでもはっきりと見える。

柳沢峠から北側に柳沢ノ頭、ハンゼノ頭、藤谷ノ頭と、それぞれ30分ほどで行き来できる丘のような頂上を連ねた高まりは三窪《みくぼ》高原と呼ばれ、草原と灌木の広がりが特徴だが、この灌木の大半はツツジで、ミツバツツジから始まり、ヤマツツジ、レンゲツツジやドウダンと、さまざまなツツジが次々と咲く。晩春から初夏にかけて、鮮やかな紫から、赤、黄色と続くみごとなツツジの山だった。残念なことに、最も優れた展望台でもあるハンゼノ頭の近くに巨大な電波塔が建設され、そこへの車道ができたために、人工的な場所になってしまった。

この三窪高原は、ツツジ、とりわけ6月上旬から中旬にレンゲツツジが斜面を埋め尽くす。そのすばらしい光景は、一部の登山者のみが味わえる絶景だった。

しかしその後、塩山《えんざん》市（現在の甲州市）が「ツツジ祭り」を大々的に行なうようになった。一時期は、まさに大規模なお祭りだった。柳沢峠付近には縁日のような屋台が並び、高原上のあずまやでは抹茶を飲ませる野点が行なわれ、いつだったか「橋幸雄…来る！」のポスターが貼られていて、歌謡ショーやカラオケコンテストまで行なわれていたようだ。

柳沢峠から、徒歩1時間かからずに柳沢ノ頭に登り着く。そこからは足元まで甲府盆地が迫り、その上に南アルプスが大きく屏風のように並び、富士山が左手に見える。みごとな展望台だ。ハンゼノ頭からはそれ以上の展望が眺められる。そんななかでの喧騒の祭り。

しかし、このツツジ祭りの大騒ぎは少しずつ収まっていった。最も美しく高原を飾っていた、かつては斜面全部をオレンジや朱色で埋め尽くしていた感のあるレンゲツツジが少しずつ数を減らし、やがてほぼ消滅するに至った。最初は大規模な盗掘が疑われていたようだが、主たる原因はシカの食害だった。レンゲツツジは弱いながら毒性があり、シカは食べないといわれていた。しかしシカの群れが立ち去った後、きれいさっぱりとレンゲツツジが丸坊主になっている姿が見られたという。

橋幸雄のショーやカラオケコンテストは行なわれなくなり、野点もなくなり、塩山駅からの送迎バスもなくなった。2007年を最後に「ツツジ祭り」はなくなったそうだ。でも、ミツバツツジやヤマツツジは今も健在だ。大きく色鮮やかなレンゲツツジはなくても、三窪高原は、やはりツツジが、そして圧倒的な展望が美しい。

柳沢峠から三窪高原に立ち、藤谷ノ頭付近から北に向けて尾根上に幅広く刻まれた防火帯には、遮るもののない展望と、ワラビやヤマウドの山菜と、点々と咲くツツジの楽しい稜線が続く。柳沢峠から三窪高原を越えて板橋峠にいったん下り、大きな円《まど》やかなピークを越えて、三角点がミズナラの木々に囲まれた標高1777mの倉掛山から大きくたわんだ白沢峠へとたどる尾根は、明るい広々とした道だった。さらに北上して防火帯を追い、笠取山まで向かうのは大変だったが、東京都水道局の森林巡視の作業道を上手に計画に組み込み、石保戸山、犬切峠、藤尾山（天狗棚山）へと、防火帯をさらに進む者もいた。

倉掛山は、青梅街道の落合橋のたもとで多摩川本流が二分された後の柳沢川、高橋川の水源地帯の山々の最高峰だ。雁坂峠《かりさかとうげ》や甲武信《こぶし》ヶ岳周辺から見るとき、一つの大きな山塊として大菩薩の手前に緩やかに続く姿は堂々としている。

東側に斉木林道が刻まれ、それが少しずつ荒廃し、車道としての機能をなくし、水道局の歩道として使われるようになった後も、柳沢峠から板橋峠までは幅広い砂利の車道が通っていた。最初に僕が訪れたのは1970年代のことで、そのころは物好きなバイク乗りが、西側に広がる雄大な展望を見に板橋峠まで訪れていた以外、人の姿は一切なかった。そして、スピーカーの大音量に追い立てられたのは90年代のこと。この間にいったい何があったのだろう？

思いもよらぬ展開がそこにはあった。バブル期の真っただ中に、板橋峠の北西斜面に舗装された車道が縦横に建設され、レジャー施設、宿泊施設、テニスコート、レストランが造られ、別荘地として開発されたのだ。「深静峡《しんせいきょう》」という看板が青梅街道の柳沢峠に掲げられ、今もその残骸が見られる。レジャー施設は一定期間稼働し、別荘も何軒か建てられた。

この施設の元々の開発者は東京・赤坂でホテル業を営む辣腕経営者だったが、赤坂のホテルが火災を起こし、防火施設の不備で多数の死者が出る大惨事となった。その余波と、その後のバブル崩壊で、開発途上の深静峡も頓挫したというのが、この不思議な空間をめぐる動きだったようだ。

その後、この建物は廃墟の林立する不思議な場所となった。自動販売機が道路の上に倒れこみ、車道には草が繁茂し、メインの宿泊施設の窓ガラスは割られていた。その後、火災で建物が廃墟と化した後、残土置き場となって、現在は太陽光パネルが広大な敷地を埋め尽くしている。

広大な水道水源林に斉木林道が刻まれ、それが静かに山の中に吸い込まれるように歩道へと戻り、その一角にレジャー施設が造られ、それも廃墟となった。多摩川水源地帯南部で繰り広げられた変遷は、結局は再び森が復権して元に戻りつつあるのが現実だ。

ツツジの尾根だった三窪高原、倉掛山、白沢峠の山域だが、毎年、水道局による刈り払いが入る草原の連続である防火帯は、ヤマウド、ウルイ、ワラビ等の山菜の宝庫でもあった。その豊かな草原の南の空には南アルプスが広がり、行く手には、黒々と横たわる奥多摩、奥秩父を眺めて歩く展望の尾根が見渡す限りに続いている。

もう、レンゲツツジはまったく影をひそめた。ウルイとヤマウドも姿を消した。それでも、ミツバツツジとヤマツツジ、そしてやはりシカの食べないワラビが、足の踏み場もないほどに斜面を覆っている。

奥多摩全域のなかで最も明るさに満ちた山域が、あまり人に知られることなく広がっている。まだ緑が周囲を埋める前からミツバツツジが咲き始め、梅雨の終わりのドウダンまで、種類を変えながら咲き続けるツツジ。

晩春から初夏、穏やかな尾根を、地形図を頼りにたどるのは楽しい。それでも登山者が少ないのは、アプローチの悪さが原因かもしれない。柳沢峠に四季を通じて平日でも行けるバスはなく、白沢峠からは、笛吹川上流の広瀬ダムの下に下る以外にバスの便はない。

三窪高原、倉掛山……。名前を出しても知る人は少ないが、訪れた者をホッとさせる山が待っている。

9章 小河内峠

『パパラギ　はじめて文明を見た南海の酋長ツイアビの演説集』という本を読んだことがあるだろうか？　豊かな海と共に生きる西サモアの島の酋長が展開する「演説」という形をとって書かれた、自然の中に生きる人々から見た西洋文明社会への軽妙な批判の本だ。その書き出しは、白い帆船が真っ青な空と海に浮かび上がるように現われる瞬間から始まる。

真っ青な空と海に浮き出るような白い帆……。それを見たような錯覚が、峠に出る瞬間にあった。

1968年5月3日の奥多摩。新緑が山の高みまで上りつめた晴れた日に、僕は同じ中学校の友人8人と御前山《ごぜん》をめざすため、奥多摩湖畔から奥多摩主脈へと向かう清八《せいはち》新道の尾根を登っていた。1000mをわずかに超える標高の小河内峠《おごうち》への道は濃い緑の中にあった。快晴に近い晴れの中にあっても、何層にも真新しい葉が重なり合った北側斜面の森は暗かった。長かった尾根の登りが東へと向かうトラバースに変わり、緩やかな傾斜が続いていた。

そのとき、暗くて濃い緑の広がりの中に、ポツンと穴が開いたような明るい空間が現われた。進むごとにそれは大きくなり、僕たちはその「窓」の出口に登り着いた。

強く吹き上げる風と共に、光あふれる峠の頂上に放り出されるように躍り出た。そこは今までとは

まったく違う世界だった。深いしっとりとした森の緑とは違う、広大な光あふれるカヤトの原が広がっていたのだ。

秋川上流の浅間《せんげん》尾根、笹尾根の穏やかな山々の上に大きく横たわるのは、丹沢だった。目的地は御前山であり、ただの通過点に過ぎない峠が、すばらしい場所に思えた。

御前山とは反対側の小さなピークに駆け上がった。小ピークからは北側に奥多摩湖が箱庭のように見下ろせ、その上に雲取山から鷹ノ巣山、六《む》ツ石《いし》山と続く石尾根が高々と並んでいた。そしてやはり、南側の明るい眺めが楽しげに感じられた。春の晴天時独特の、吹き上げる風が暖かく心地よかった。

ちょっと心残りな気持ちを抱えながら、御前山へと向かう防火帯の切られた尾根を登りだし、小河内峠を後にした。「いつか、この峠を越えて多摩川と秋川を結ぶ峠道を歩いてみたい……」と強く思った。

しかし、その後何回か小河内峠を訪れていながら、多摩川側から秋川側へと峠越えをするチャンスはなかなか巡ってこなかった。同じ年の秋、御前山から小河内峠を経て月夜見《つきよみ》山を越え、ヘトヘトになって三頭《みとう》山まで縦走したときに通過したが、尾根の縦走の通過点として歩くと、あんなに光り輝いて見えた峠にそれほどの魅力を感じなかったのは意外だった。

そのまた次の年の初夏、北秋川上流の月夜見沢からヒイラギ沢という支流を沢登りして、梅雨時の小雨の降るなか、3度目の小河内峠に立った。濃いガスが立ち込め、初めて展望のない小河内峠だったが、やはり、「登り着いて」到達した感動は大きかった。

それから3年後、高校生になった71年の晩秋、ようやく峠越えを果たした。

雲一つない晴天の下、僕は奥多摩湖・小河内ダムの上を、平日に学校をサボって一人渡っていた。ダムの上から南の空を見上げると、御前山と月夜見山の間の最も標高の低い場所が、めざす小河内峠だ。奥多摩湖南岸の湖畔をたどる巡視路を歩いた。やがて水久保橋に到着する。最初のときは、ここから清八新道の尾根へと直上したが、対岸の六ツ石山の紅葉があまりにきれいなので、奥多摩湖へと大きく岬のように突き出した尾根の突端まで歩いてから取り付くことにした。突端からは、想像どおり、みごとな色合いの山肌が波一つ立てないガラスのような湖面に逆さに映っていた。

尾根の上までわずかに登ると、緩やかな道が続く。左側から正規ルートである清八新道が合流し、幅広い紅葉の尾根の上に、明確な防火帯が刻まれた高原のような所が続いていた。やがて807mの大平。この手前で左右に仕事道が横切ると傾斜はさらに落ち、紅い落ち葉が一面に敷き詰められた中をたどっていった。一人歩きが好きなくせに、一人が寂しくてしょうがない情けない性格を改めて自覚しながら、極端な急登が一切ない、いかにも生活の峠道にふさわしい道を足早に登っていった。峠越えの登りの最後は、もうすっかり落葉して「窓」がなくなり、北斜面でも充分に明るかった。

最後の登りを越えて小河内峠に立った。春の穏やかな展望とは違い、冴えわたった眺めがそこにはあった。カヤトの中にスギの苗木が植えられていて、「一面の茅《かや》っ原《ぱら》」という最初の印象は少し崩れたが、あふれるような光の中で、1時間近く山を眺めていた。

南側の秋川側へと下りだした。初めて歩くこの道は、陣馬《じんば》尾根と呼ばれ、幅の広い尾根の西側を緩やかに巻きながら下り、尾根の上に出てから急激に下りだす道だった。意外だったのは、古くからの峠道で歴史があるはずなのに、狭くて不明瞭で、左右からカヤが被さり、踏み跡程度しかなかったことだ。

下るにしたがって、東側の御前山がグイグイと高さを増して大きい。尾根の上に大きな広場が現われ、石積みがあった。どう見ても人家の跡だった。すばらしい展望の広がる日当たり抜群のこんな場所に生活するのは、どんな気分だったんだろう？

尾根の左右には点々と人家がある。地図には猿江、沢又という地名が書かれている。以前、遡行した月夜見沢の西側にも人家の屋根が見えて「倉掛《くらかけ》」の集落であることがわかった。さらに地図で見ると、標高900m近い茗荷平の集落も存在することを知る。北秋川の奥には、当時の自分には想像できない山里の暮らしがあることに驚いた。

峠道を下り続けると、山奥とは思えない立派な茅葺き屋根の家の前を通り、鮮やかに黄葉した大きな銀杏の木の下に小学校（当時の藤倉小学校。現在は廃校）が見えた。急な坂を、先生と生徒が手押し車を押しながら砂を運んでいた。藤倉の集落に下りきり、多摩川から秋川への峠越えは終わった。

奥多摩の山に通い始めて何年かたっていたが、本格的な峠越えをしたのは、この小河内峠が最初だった。多摩川側では、人々が暮らす集落は奥多摩湖・小河内ダムの完成とともに多くが湖底に沈み、現在、まとまった独自の文化圏や生活を感じるのは難しい。古い地図を調べてみると、青梅街道沿いの「熱海《あたみ》」周辺が、多摩川側の峠の取付だったようだ。

60年代初頭まで、東京の水道水のほとんどは多摩川水系から供給されていた。57年の小河内ダム（奥多摩湖）完成で、多摩川上流の集落のほとんどは水没・解体されてしまったが、里と里を結びつける峠越えの雰囲気は、今でもしっかりと感じることができる。

この小河内峠以上に、多摩川と秋川を結ぶ峠越えとしての雰囲気を強く感じさせる峠を僕は知らない。

同じ秋川流域では、上野原から鶴川上流の街道沿いに点在する集落と、秋川奥を結ぶ峠は、養蚕の蚕や繭、塩、炭が越えた峠が、三国《さんごく》峠、西原《さいはら》峠、日原《ひはら》峠を筆頭にたくさん存在する。生活と生活を結ぶ身近な存在として、奥多摩の峠は歩かれてきたのだろう。

奥多摩の峠には、奥秩父の峠とは少し違う何かがある。

奥秩父の峠は「くに」と「くに」を隔てる峠だった。秩父は典型的な盆地で、四方の峠を越えなければ外界に出られない関門だった。峠に立って振り返ると、見下ろす位置に秩父盆地があり、そこから希望を持って外の世界に旅立つ者にとっても、逃げ出す者にとっても、違う世界へと旅立つ文字どおりの峠だったはずだ。雁坂《かりさか》峠、十文字峠、雁《がん》峠、将監《しょうげん》峠……。いずれも、標高１０００ｍをわずかに超える小河内峠に対して、倍近い２０００ｍ前後の標高があり、旅立つ場所にも、峠越えした先にも当時のイミグレーションとしての「関所」が存在した。小河内峠に代表される奥多摩の峠はもっと手軽で、生活の中で自分たちの集落では手に入らない物を、違う里との交流でお互いに補い支え合う、身近な存在だったはずだ。小河内峠から1時間もかからずに、カヤトの中の石積みの跡となった廃墟、現存する集落の存在が、それを感じさせる。

小河内峠はその後、大きく変貌を遂げる。カヤトに植えられたスギが伸び、光あふれる眩しい峠だった独特の雰囲気は失われた。奥多摩主脈を西に1時間程度歩いた場所・月夜見山周辺では、60年代終盤から70年代初頭かけて奥多摩有料道路（現在の周遊道路）が建設され、バイクが爆音を立てて通過する。暗い森から違う世界へと銀色の風が吹き抜けていた峠は、今はない。清八新道そのものが、現在の登山地図では破線の踏み跡扱いになってしまった。

今、小河内峠は静寂の中にある。ただ秋の一日、奥多摩の山をスピード競争の場と考える人たちの山岳耐久レースにより、この美しい峠を数千人が駆け抜ける一日を除けば……。

それでも、古い記憶をたどり、秋の晴れた日に越えてみたい小河内峠だ。

10章

生藤山、三国峠

B6判程度の小さなガイドブックでも、その中の一枚の写真に惹きつけられることがある。奥多摩のガイドブックの1ページ全面を使った写真に「三国《さんごく》峠からは桂《かつら》川の上に富士山が大きく眺められる」という説明文がついていた。今でも忘れないが、当時の雨蓋のない単純な布袋式のサブザックを背に、ニッカーズボンにショートスパッツの女性が富士山を見ている構図だった。あまり紙質のよくない本で、写真も白黒だったが、「奥多摩にもこんなすばらしい富士山の見える場所があるんだ……」と、しばらく見入った。撮影したのは、横山厚夫さんという奥多摩研究の第一人者だ。

「ここに行って大きな富士山を見たい」との思いは強くあったが、日帰りできる近さのせいか、なかなか訪れる機会を作らなかった。

生藤《しょうとう》山と三国峠を最初に訪れたのは、三頭《みとう》山から笹尾根を延々と歩き、和田峠から奥高尾に入って高尾山へと、甲武相《こうぶそう》国境尾根を長駆、日帰り縦走した途上だった。

一番バスに乗り、奥多摩湖畔の小河内《おごうち》神社で下車。オツネの泣き坂から三頭山に立ち、穏やかな笹尾根を急ぎ足で通過していった。そのころはトレランなんて言葉はなく、自分の認識では「カモシカ山行」だった。和田峠で日没となり、夜に高尾山口《たかおさんぐち》の駅に下り着いた記憶が鮮明だ。

「口の長い時期に歩きたい」との思いから、夏至のころ、梅雨の合間の蒸し暑い日中に、大量の汗をかき、ゲッソリしながら歩き続けた。そんな気温の高い時期に、標高1000mに満たない部分が大半の尾根道を歩く人はおらず、寂しいくらいに誰もいなかった。

急な登下降の少ない穏やかな笹尾根だが、浅間《せんげん》峠を過ぎるころから、坊主山、熊倉山、軍刀利《ぐんだり》山、三国山（三国峠）、生藤山、茅丸《かやまる》、連行峰《れんぎょう》と、一つ一つの標高差は大きくないものの、急峻なピークが連続した。傾斜の強い頂の存在を意外に思いながら歩き、神奈川、山梨、東京の3県にまたがる三国峠に立った。淡い日差しはあったが空気はモヤッとして、近くの山さえ霞んでいる。憧れの景色と出会える期待もなく、「あの三国峠に立った」という感慨はなかった。

それからも、南秋川の矢沢軍刀利沢、熊倉沢西沢、東沢、小坂志《こざかし》川の遡行の際に、三国峠にも生藤山の山頂にも立ったが、いずれも沢登りにふさわしい初夏から初秋の季節が多く、クッキリと冴えた展望の中で三国峠に立つチャンスはなかなか訪れない。

年末のある日、僕は武蔵五日市駅から数馬《かずま》行きのバスに乗り、南秋川沿いの柏木野《かしわぎの》バス停で下車した。「カシワギノ」という地名には気品があって、僕は好きだ。まだ初冬だったのに、家々の屋根も南秋川の河原も、雪が降ったのかと思うほど霜で真っ白だった。

民家の横の坂道を下り、橋で南秋川を渡る。対岸に小沢が注ぎ込み、小さな社が祭ってある。その沢のすぐ上にもワサビ田が作られていた。古い峠道にふさわしく、急傾斜の杉木立の中にていねいにジグザグが切ってあり、急坂を登っている実感なしに高度が上がっていく。背後には浅間尾根の南面。真っ青な空の下に、キツネ色の暖かそうな雑木林の広がりが見えた。さっきの小沢の源頭が広場となった箇所を過ぎ、ひと登りで、巨大なヒノキが1本立ち、その根元に祠のある場所に着いた。柏木野集落の信仰の場所なのか、日本酒やお金もお供えされていた。ここからは明るい広葉樹の道に変わり、ホオノキの大きな葉も落ちていた。落葉の時期で、背後にグングンと展望が広がる。尾根を大きく西側から巻き、再び尾根の背に戻り、万六《まんろく》ノ頭を越えた所で、この峠越えのまとまった登りは終わる。

ここで初めて、めざす国境稜線が眺められる。正面のピークが連行峰、その右にひときわ高くスッキリと尖った三角錐が茅丸。その隣が生藤山で、小さな三国峠（峠だが小ピークだ）、明瞭な軍刀利山と、一つ一つは小さな高まりだが、狭いなか行儀よく並んでいる。まだ距離はあるが、標高的には肩を並べた気分だ。上下を繰り返し、少しずつ標高を稼ぐ。東側が伐採で明るくなり、陣馬《じんば》山の上の白馬の石像まで見えてきた。本来の峠道なのだろうか、右に巻き道を分けて、最後にササの中の急な登りがあり、ポンと連行峰に飛び出した。北側、日陰の長い道を登り詰めて、県境の主稜線にたどり着いたうれしさは、山の大小と関係なく大きい。そして、見えた！　まだ少し小さいけれど、白く雪化粧した富士山が。

この連行峰は、左（東）に縦走路をたどれば、八王子市最高峰の醍醐丸《だいごまる》（８６７ｍ）を経て、和田峠まで1時間半ほどの場所だ。

連行峰からの尾根道はよかった。休めば震え上がるような初冬の北風の中を登ってきた身には、太陽の眩しい光は暖かかった。広葉樹の森は落ち葉を大量に敷き詰めて、フカフカの明るい広がりを見せる。やがて尖った茅丸の山頂。ここは1019mの標高があり、高さだけでいえばこの周辺の最高峰だ。山頂は狭く、見たままの三角のピークだ。ここからも少し成長した（近づいた）富士山が見える。下って登り返し、右に矢沢からの仕事道を合わせると、いよいよ生藤山への登り。左右に切れた岩まじりの稜線は狭い。そして、前方が開けると生藤山山頂だった。あぁ、これが見たかった富士山なんだ。裾野が広く、大きな白い富士山が見える。

生藤山は、この辺りでは山容も大きく、どこからでも特定できる周辺一の山だ。山頂に「藤野十二名山」の標識が立つ（その後、藤野町は政令指定都市・相模原市の一部となった）。

いったんコルに下り、わずかに登り返し、三国峠に立った。

思わず一人で歓声を上げた。あのガイドブックの1ページの写真で、「いつかはこの景色を」と思ったのと同様か、もしかしたらそれ以上のすばらしさで、連行峰から見たものよりも、茅丸からのそれよりも、すぐ近くの生藤山からの眺めよりも、はるかに大きく雄大な富士山がそこにあった。

なぜだろう？　それは、足元に大きく食い込む黒田川がつくる谷が前方の遮りを一切なくし、さらには下方の桂川河畔の広がりが富士山の裾野を下まで大きく見せてくれているから？　西側に木がなく、そちらだけに視線が集まるため？　つい10分ほど前にも生藤山から見た富士山が一気に成長したような、驚きの光景がそこにはあった。

この日は霜柱の解けだした道を、桜並木のある甘草水《かんぞうすい》を経て石楯尾《いわたておの》神社へと駆け下った。下り立った集落は明るく開けていて、南秋川上流とは違った雰囲気があった。生藤山にしても三国峠にしても、峠道として拓かれ、歩かれてきた道は、通過するだけでなく「越える」ことで初めて、そのよさがわかることを強く感じた。

生藤山と三国峠を独立した山域として捉え、歩くようになったのは、南秋川・柏木野から峠道を越えてからだった。歩いてみて、この山が歴史ある山であることを知った。所々に散見される古びた馬頭観音がそれを教えてくれる。

改めて訪れた三国峠から西に尾根をたどることわずか、軍刀利山の山頂を訪れると、日本武尊《やまとたけるのみこと》の東征の際の戦勝祈願の神社として建てられた軍刀利神社の元社がある。ここが富士山を最も大きく見られる山頂であることを、訪れて知った。御坂《みさか》山塊と道志《どうし》、丹沢《たんざわ》の間にスッと立つ富士山は、三国峠からの眺めとは一味違っていた。

山から下った井戸の集落の上にも大きなこの軍刀利神社が立っている（1511年建立）、現在、山から井戸方向に下ると、奥宮の横に大きなカツラの木があり、そこから流れ出す水がおいしい。雨乞いの霊験あらたかな水なのだ。

甲武相国境尾根と呼ばれ、田部重治《たなべじゅうじ》が大正時代に高尾山から生藤山を越えて三頭山をめざして縦走し、東京、山梨、神奈川を分ける長大な尾根として奥多摩の南端を形作ってきた稜線は、三頭山こそ

1500mを超える山だが、いったん西原《さいはら》峠で1000m前後に下がってからは、大きく標高を変えずに続いている。遠くから見ると生藤山周辺だけがポコポコと尖った峰を見せて、この穏やかな尾根に独自の主張をしているように見える。

この山は、ハラハラと枯れ葉が舞う晩秋からよさが出てくる。霜柱や、うっすらと積もった雪が峠越えの者の背中を丸まらせる初冬や、凛とした白い富士山の見える厳冬期が、最も魅力を感じられる季節だろう。そして峠越えのあちこちや、また甘草水《かんぞうすい》では並木道となり、ヤマザクラが花びらを舞い散らせる。

生藤山と三国峠は、奥多摩の地図を見ると、地図の南端を縁取るように延びた笹尾根の中核にあたる山域だ。秋川側の小坂志川周辺と矢沢には林道が建設され、南側山麓にはゴルフ場がいくつも開発されたが、主稜線そのものは、初めて訪れた72年の初夏以降も、大きな開発の波をこうむっていない。静かに歩ける、穏やかな山が待っている。

11章 奥多摩の大雪

本当は、鶴《つる》川上流の郷原《ごうはら》から西原《さいはら》峠に立ち、雪の笹尾根を歩くつもりだった。

中央本線上野原《うえのはら》駅を遅れて出発したバスは、タイヤチェーンをシャンシャン鳴らしながら雪の中を走りだした。ゆっくりだが確実に、鶴川上流に向けてバスは進み続ける。雪を被った左右の木々が道路に垂れ下がるのを押しのけながらの前進だった。「予定どおりに笹尾根を歩くのは、とても無理だろう……」。僕の中の理性がささやいた。

日寄《ひより》橋というバス停で、重い雪の降るなか、僕が最後の乗客となっていたバスを降りた。朝、家を出るときに見た天気図が頭の中にあった。太平洋岸を足早に進む南岸低気圧は、もうとっくに関東南部を通り過ぎているはずだ。雪はきっとやむだろう。

バス道路から登山道に入ると、膝を超える積雪が待っていた。予想どおり風は西風に変わっていて、大粒だった雪は小粒な粉雪になっていた。薄日が差し、黒い雲の間に青い空も見える。スギ、ヒノキの上からドサッと雪の塊が落ちてきた。不覚にもワカンを持ってこなかったことを後悔する。一晩でこれだけ降ったのだろう。踏み込んだ雪の下からは落ち葉が見える。途中、道形を失い、見当をつけてできるだけ障害物のない広がりを登る。いつしか快晴になった空の下、終わりの見えない登高を続

けた。

当初、目標としていた笹尾根縦走は、鶴川上流から秋川上流への峠越えに後退し、さらに「とにかく主稜線まで」に変わっていた。広葉樹の明るい雑木林の木々には積雪はなく、凍りついた霧氷が太陽の光で解けてバラバラと落ちる美しい光景のなか、無言のラッセルが続く。

結局4時間近くかかって、丸山という１０９８ｍのピークに立った。快晴、強風の山頂からは、権現山の上に富士山の上半分が真っ白にかわいらしく見えていた。僕は山頂の雪を踏み固めて座り込んだ。東京都側へと笹尾根を縦断したかったが、北側斜面の積雪の多さと、西東京バスが雪で運行不能となっている可能性を考えて往路を戻ることにした。いや、もう、新たな挑戦を、この小さな山で行なうには、単独での重いラッセルに精根尽き果てていた、というのが正直な理由だった。雪の奥多摩、侮るべからず！　と、疲れ果てるまで雪と格闘できた達成感に感謝した。

この山行は2月の半ばだった。「冬山」「雪山」というと12月や1月の山を考えがちだが、奥多摩に限って言えば、2月半ばから3月末が、積雪の可能性が最も高まるシーズンだ。冬の基本的な気圧配置である西高東低の下では、奥多摩では気温が下がり、木枯らしが吹き渡り、長く伸びた霜柱が地面を飾っても、乾いた晴天が広がることが多い。それが、少しずつ春の訪れを感じ始めると、低気圧が太平洋岸を周期的に通過する。東京で氷雨が降った後、晴れた翌朝、西の空に並ぶ奥多摩や丹沢《たんざわ》、大菩薩《だいぼさつ》の山が白く輝いている……。これが奥多摩の雪の姿だ。そして、3月末から4月の中ごろまで、「思わぬ雪」に予定どおりの登山ができなくなることは少なくない。

この季節感覚の微妙なズレ……。たとえば元日の雲取山山頂で50㎝の積雪があれば、「おっ、今年は雪が多いな」とうれしくなるが、4月１日に山頂直下の雲取山荘の前で１ｍの積雪があっても決して驚くことではないのだ。わが家の近くの井《い》の頭《かしら》公園でサクラが満開のとき、同じ東京の一角で１ｍの積雪を想像するのは難しい。春に大雪に出合う驚きは、奥多摩に50年以上通った今でもよく体験することだ。「あぁ、そうだった。春の気配にダマされちゃいけないんだ」と。

２０１４年、バレンタインデーの奥多摩を襲った豪雪は、なかなかのものだった。まる２日間にわたって降り続いた雪のために、もともと大雪を前提としていない関東や山梨の山々は、近づくのも難しい状態が続いた。奥多摩への主要交通手段である青梅《おうめ》線は長期間不通に。奥多摩駅まで電車が通うようになっても、青梅街道は道路法面の金網に大量に溜まった雪が雪崩れる可能性が高く、除雪できたのは谷側だけという状態が続き、道路は片側一方通行で、バスの全面開通にはさらに長期間を要した。

通年営業の山小屋では、雲取山荘が大変だったようだ。そのとき、20代の小屋番が一人で留守番をしていた。プラスチックの波板で囲まれたトイレへの通路は一晩で壊れ、小屋の発電機は雪に埋没。発電機は現代の小屋では生命線なので、これを２日がかりで掘り起こし、起動。食料も燃料もあったが、さすがに長期籠城は限界を迎え、青梅警察署の山岳救助隊がまる２日をかけて雲取山荘にやってきたのは、3月10日近くだったようだ。

この暖冬続きの現代に突然降ってわいた大雪騒動は、しばらく奥多摩の山に大きな影響を残した。川苔《かわのり》山の谷沿いの登山道などは、あちこちで架け橋が流出して長期通行止めとなり、登山道に倒れかかった木の除去や整備に長期を要した。もう一つ、大きなことは、シカが減ったことだ。シカは、お腹以上の深さの積雪に出あうと移動ができず、食べ物を探せなくなり、死んでしまう。その年の夏には、登山者の目に入らない谷筋で、たくさんのシカの死骸と出会ったものだ。

百年に一度ともいわれた豪雪だったが、僕の登山経験では1968年3月の積雪も極めて多かった。この年は大量降雪の2週間後に、雲取山山頂避難小屋を拠点に飛龍山や長沢背稜《ながさわはいりょう》を歩いたが、ブナ坂付近でも指導標は頭だけ出ている状態で、小雲取山の登りでは腰までの深さのトレースの中を登った記憶がある。雲取山山頂では、埼玉側から東京側に1m以上の雪庇が張り出していた。この68年以降も、何回かは「オッ！」と思わせる大量降雪はあったが、春先だったので消えるのも早かった。

最近、冬季週末の雲取山などでは、人数はさすがに減るものの、必ず登山者の姿を見る。それでも平日だと、快晴が続いても登山者は極めて少なくなる。大岳《おおだけ》山や御前《ごぜん》山、三頭《みとう》山のように、入山もしやすく魅力的な山でも、そして他の季節では考えられないような冴えわたった展望の得られる山頂でも、入山から下山まで登山者の姿をまったく見ない静寂の世界が広がるのが冬の奥多摩だ。

14年は豪雪になったが、やはり、奥多摩の冬の気温は間違いなく上昇して暖冬なのだろう。檜原《ひのはら》村の払沢《ほっさわ》ノ滝は、「滝の凍結予想イベント」（その年の氷結が落ち口から滝壺までつながる日を当てるイベント）で有名だ。かつては文字どおり完全結氷して、水音も聞こえない青氷の柱が出現したものだが、最近は「凍結した」というので見に行っても、流水の脇の氷がつながっているだけのことが少なくない。18年は1月早々に完全凍結し、これはスゴイと喜んだが、春の訪れが早く、1月末には氷柱は消えてしまった。

僕が中学生のころは、日原《にっぱら》川上流の小川谷支流の犬麦《いぬむぎ》谷や滝谷、日原川本流に注ぐ巳ノ戸《みのと》谷や唐松谷などは完全凍結し、青白く光る氷の廊下を、ピッケルのカッティングとアイゼンで攀じ登った。まだ、ピッケルとバイルを両手に持つピオレトラクションも前爪付きのアイゼンも一般的ではなく、氷にピッケルで足がかりを刻み、そこにアイゼンを置き、小さな滝でも手作りの技術で越えていった。ピオレトラクション技術が行きわたったころから、奥多摩で沢や滝が登攀可能なほど凍結している所はまったく見なくなってしまった。

冬の奥多摩は、地面を覆うほどの積雪が多く見られるのは1月も下旬になってからだ。それさえ冬型の強い年には寒さだけで、降雪を見るのは春の声を聞いてからのこともある。降った雪も南面では比較的早く解けてしまい、日の当たらない北側斜面に入って、積雪の差に驚くことがある。冬の奥多摩は、思わぬ雪にたじろぐことがあるかと思うと、日だまりのカヤトでは冬であることを忘れることもある。何より、登山者の姿を見ない静寂がある。

あれは晩秋、増富《ますとみ》温泉から奥秩父主脈を昼夜通して長駆縦走し、雁《がん》峠から奥多摩山域に入ったときだ。その年初めての本格的な冬型気圧配置と木枯らしに出あった。金峰《きんぽう》山は吹雪で、雁坂《かりさか》峠までは樹氷が風に飛ばされて氷が敷き詰められた状態だった。将監《しょうげん》峠から飛龍山ハゲ岩に着くころ、0時を過ぎて極端に気温が下がってきた。吐いた息がセーターの胸元に白く凍りつく寒さのなか、三条《さんじょう》ダルミから一面の霧氷が月明かりにキラキラと光る夢のような世界をフラフラと登り続けた。

雲取山山頂に着いたのは歩き出してから22時間後。ツエルトを被り眠った翌朝、最後の黄葉がカラマツを飾っている枝の一本一本すべてに霧氷が付いていた。奥多摩の冬を思うとき、この光景を呆然と見ていた瞬間を思い出す。

奥多摩の冬、雪の季節は、晩秋、初冬に突然訪れ、2月、3月を最盛期に4月中旬まで続く。寒さと、雪が作り出す汚れのない世界は、１０００ｍに満たない山から２０００ｍの山頂まで、違う表情を見せてくれる。奥多摩は、実は冬の季節が美しいのだ。

12章 三頭山

東京の水がめ・奥多摩湖の上を、ドラムで浮かせた橋で渡る体験は刺激的だった。

この浮き橋は、今でも奥多摩湖北岸の小河内《おごうち》神社バス停から対岸に渡る「麦山《むぎやま》の浮橋《うきはし》」として渡れるが、当時はプラスチック製の浮きではなく、本物のドラム缶を4つ付けた木の筏をつなげる構造だった。筏から筏に乗り移るとき、ギーギーと音を立て、波がチャプチャプと板を濡らした。小さな魚がたくさん泳いでいるのが見える。めざす三頭《みとう》山の斜面は北側なので陰になっていたが、振り返る石尾根の斜面は暖かい狐色だ。

この「ドラム缶橋から登った三頭山」は、1967年4月6日の山行だった。中学校入学式の2日前の登山には、ちょっと変わったメンバーが集まった。リーダーはなんと高校生の姉。登山サークルに所属していた。2年生に進級すると新人が入ってくる。その新歓山行の下見と、山に興味があった弟（つまり僕）を新人に見立て、指導する練習を兼ねた登山だった。姉の友人が2人と、僕の友人のコンちゃんを含めた5人パーティだった。青梅線の車内でザックのパッキングを直され、靴紐の締め具合を注意され、姉にリーダー面をされるのはおもしろくなかったが、快晴の奥多摩湖畔に立った瞬間は、この浮き橋を見ただけでうれしくなった。

この日の予定は、ドラム缶橋でダム湖の南岸に渡り、南岸歩道を下流に向かい、鞘口《さいぐち》峠から三頭山に立って、オツネの泣き坂、イヨ山経由で再び小河内神社前に戻る周回ルートだった。なぜ、この山行のことを事細かに書けるかというと、手元に一冊の大学ノートがあるからだ。当時の僕は「書き魔」で、この三頭山山行も、日帰りの山行ながら実に3ページも書きなぐった記録が残っているのだ。

奥多摩湖畔の水平の道をたどると、やがて岫沢《くきざわ》、日指《ひさし》という、どちらも一面カヤトの原の中にある集落に出た。いずれの集落も、現在はビジターセンターや「山のふるさと村」の立つ所で、当時、日指には民家が2軒あり、布団が干してあったのが印象に残った。

奥多摩湖の完成は57年。訪れたころは、小河内ダムが完成して、多摩川沿いの青梅街道に点々とあった集落のほとんどが湖底に沈み、湖となってからちょうど10年目だったことになる。湖の北岸には青梅《おうめ》街道が付け替えられたが、南岸は歩道のみだった。南岸で人が暮らし続けた集落は日指だけだったが、浮き橋ができるまでは、なんと小菅《こすげ》に近い余沢《よさわ》からの歩道以外に道はなく、むしろ風張《かざはり》峠を越えて北秋《きたあき》川上流に出るほうが早いくらいだったという（山と溪谷社から1960年発行の『奥多摩の山と谷』から）。

ここからは登山道。鞘口沢沿いに登るわかりやすい道のはずだったが、日指から30分ほどの所で南西に入る仕事道に迷い込む。古い5万図を見ると、御堂《みどう》指尾根《ざす》という尾根を越えて三頭山山頂から真北に下り、中尾根へと至る歩道が記されているが、どうやらその道に入り込んだようだ。造林小屋があり、ワサビ田があり、「これはオカシイ？」と思ったときには引き返す余裕がない場所まで来ていた。さすが、わが姉。背後の明るく雄大な六ツ石山《むついし》との位置関係から「少し西側に間違えたようだ。この前にある尾根は山頂に突き上げているから、これを直登する」と宣言し、トゲだらけの灌木の斜面をグイグイと登りだした。やがて尾根に出ると、伐採の痕跡なのか、ワイヤーが散乱する見晴らしのいい広場に登り着いた。お昼時でおにぎりを全部食べようとしたら、姉は「全部食べると下山できなくなったとき困るから、半分にしろ」と恐ろしいことを言う。晴れた景色はすばらしく、特に石尾根は美しかった。当時の記録には「箱庭の様に奥多摩湖が美しく、その脇を走る青梅街道にはバスが走るのが見えた。まるで別世界が広がっていた」とある。尾根は急峻だが、稜線上は刈り払いがなされていて登りやすかった。

三頭山と思われる山頂付近がだいぶ近くなった。そのとき「ヤッホー」の声が聞こえた。「登山者だ！」。窮地から脱出できそうだ。やがてイヨ山からの登山道を発見し、御堂峠を経て三頭山山頂（西峰）に立った。

山頂からの眺めはすばらしかった。真っ白い富士山、大菩薩《だいぼさつ》、憧れの雲取山《くもとり》。山頂からの「ヤッホー」の声の主は、実は姉と同じ高校登山サークルの男子2人で、この日、三頭山避難小屋に泊まり、翌朝は高尾山に向けて甲武相《こうぶそう》国境尾根を長駆縦走するという。今、挙げた山の名前は、彼らが一つ一つ指さしながら教えてくれたのだった。

僕としては、山で迷った初体験に怖い思いをして立った山頂もうれしかったが、次の日にはるか彼方へと縦走する壮大なプランを持つ高校生がとても立派な大人に思え、印象に残った。

この日は当初の予定を変えて、間違いを確認するために鞘口峠、日指を経て小河内神社前へと帰った。バスまで時間があったので、ドラム缶橋の上に横になって、湖のチャプチャプいう音を聞きながら三頭山を見上げた。もう夕暮れで、山全体が真っ赤に染まるような夕日の中にあった。

三頭山は奥多摩の真ん中、多摩川や奥多摩湖の南側を走る奥多摩主脈の盟主だ。日の出山から御岳《みたけ》山、大岳《おおだけ》山、御前《ごぜん》山、月夜見《つきよみ》山と続いた大きな背骨のような山脈は、標高１５３１ｍの三頭山で最高点を迎える。その先は鶴《つる》峠となり、西側は牛《うし》ノ寝《ね》通りへと続く大菩薩連嶺だ。

三頭山は、大岳山、御前山と合わせて奥多摩三山とも呼ばれている。東京都心から奥多摩を見るとき、大岳山の特徴ある山容の奥に三角錐の御前山、さらにだいぶ離れて黒々とした大きな山容の三頭山と続く。

三頭山は身近な奥多摩にありながら「遠い頂」だった。僕の三頭山初体験は強行の日帰りだったが、当時、最もポピュラーな登山口は秋川上流の最奥の集落・数馬《かずま》だった。田部重治《たなべじゅうじ》の名文「数馬の一夜」（ヤマケイ文庫『山と溪谷』に収録）で知られる静かな谷あいの里だ。数馬は現在でも、武蔵五日市駅からバスで1時間以上かかる。ここに前泊し、鞘口峠経由や西原《さいはら》峠経由で登頂すれば、比較的長い浅《せん》間《げん》尾根や笹《ささ》尾根を下山に加えることもでき、ゆとりのある登山ができた。奥多摩湖畔からの道は、どのルートをとっても標高差は１０００ｍ近くあり、それなりの体力が必要だった。小河内ダムから清《せい》八《はち》林道を経て小河内峠、月夜見山経由で三頭山をめざすのは大変だったが、カヤトの明るい原が続き、後半は美しい原生林をたどる名ルートだったと思う。

大正から昭和初期の記録を見ると、三頭山は奥多摩と大菩薩を結ぶ一つの山脈として登られていたようだ。僕自身も、牛ノ寝通りのショナメで「武州御岳山に至る」と記された、古びた標識が埋もれているのを見た記憶がある。

三頭山は尾根筋を中心に、標高1200mを越えた辺りからブナの巨木が林立する。鞘口峠からのルートや、山頂西側の鶴峠方面には、奥多摩最大規模のシロブナの森が広がる。ただ、巨木は目立つが幼木は見あたらず、森林の更新がなされていないようだ。実はブナが三頭山の山頂付近を制したのは、ミニ氷河期だった江戸時代の1773年前後、安永時代のことで、寒冷を好むブナはこの時期に成長したのだそうだ。

三頭山は、奥多摩の山のなかでは不便で奥まった位置にあり、それが魅力だった。それが一変したのは73年の奥多摩有料道路(当時)の開通だった。最奥の集落・数馬から風張峠、月夜見山を越えて岫沢、奥多摩湖へと続く2車線道路の登場がすべてを変えた。その後、標高1000m前後に「都民の森」という施設が誕生する。アスレチックや木工教室の建物ができると同時に、三頭山の南東面にたくさんの歩道がつくられた。かつては沢登りでしか見ることのできなかった三頭の大滝にも登山道が刻まれた。都民の森から向かえば2時間半で登頂・周回可能なお手軽な山に変わり、三頭山に立つ人の9割は都民の森を起点とするようになった。

都民の森の危機は82年8月に訪れる。襲来した巨大台風が周囲を徹底的に破壊した。コンクリートの建物にも土砂が流れ込み、傾き、三頭沢には土石流が発生し、サワグルミ、カエデ等を根こそぎ倒しながら山容まで変えるほどの被害をもたらした。有料道路もしばらく閉鎖され、これで、この派手な自然破壊施設も終わりかと小躍りして喜んだが、残念なことに、いっそう強固な建造物が林立する都民の森が数年で再建されてしまった。月夜見山から三頭山にかけては原生林の美しい、奥多摩主脈で最も静寂な、よき奥多摩を感じさせてくれる場所だったが、バイクが爆音を立てて疾走する、かつての面影さえない場所となってしまった。

三頭山の南東側に、人間が刻んだ醜い破壊の痕跡はあっても、三頭山北面の重厚な森と急峻な斜面は無傷で生きている。人工林の少ない、大きな山容をもつすばらしい山であることは今でも同じだ。四方に延びるさまざまなルートから、この奥多摩主脈の王者を訪れたいものだ。

13章 雲取山　その1

日の長い7月でも、すでに周囲には夕暮れが近いことを知らせるガスが、静かに山肌に漂い出していた。

奥多摩小屋前から10分歩いてはへたり込むように休みを繰り返してきた登りも、いよいよ最後だ。少し先を登っていた仲間が雲取山頂の避難小屋の前でザックを下ろし、何か叫んでいる。オダマキ、ギボウシ、シモツケソウが周囲を埋めていた。

傾斜が緩み、僕も避難小屋の鉄板製の扉をギーギーと音を立てて開け、板の間にキスリングザックを置くと、1分とかからない山頂へと急いだ。西の方角に山が連なっていたが、山の名前を確かめる前に濃いガスが山頂を埋め尽くした。それでも僕たちは満足だった。立派な三角点があり、展望を記す花崗岩の石碑があり、そして「雲取山《くもとり》」の標識があった。

それにしても遠い山頂だった。朝7時に早朝の氷川《ひかわ》駅（現在の奥多摩駅）を出発し、氷川の町を抜けて日原《にっぱら》街道の分岐から民家の軒先をくぐり抜け、六ッ石《むいし》山に向かった。日付は1967年7月27日、本格的な夏が始まった奥多摩の山を歩くには最も不適切ともいえる暑さのなか、中学1年生5人の雲取山登山は始まった。初めて背負うキスリングザック。初めて寝るシュラフ。初めての仲間だけ

での「泊まりの山」の重圧は、痩せっぽちの肩に重く食い込んだ。六ツ石山に立ち、鷹《たか》ノ巣《す》山を越え、七《なな》ツ石《いし》山を通り過ぎ、奥多摩小屋下の水場でポリタンクや水筒など入れられる限りの物に水を入れた。最後は急な斜面が続くが、今までとは違う重厚な樹林と、ヒンヤリした空気、そして夏空の下には広がる展望があった。いよいよ最後の斜面。実に10時間を超える苦闘の末に、僕たちは雲取山山頂に立った。

また、違う意味でも、遠い遠い山頂だった。この雲取山登山の2年前、僕たちは初めての登山らしい登山で大岳《おおだけ》山に登った。やはり盛夏の真っ昼間。大きく西側に開けた展望は真夏の靄《もや》に霞んでいたが、山頂で出会った単独行の高校生が、少しずつ標高を上げ、西に向かって遠くはるかに続く一つ一つの山の名前と、それを構成する尾根の連なりを教えてくれた。最後に「あれが雲取山。東京都の最高峰で、標高は2000mを超える」。

そうなんだ！　東京でいちばん高い山は2000mの標高があるんだ。

指差された先には大きく明るい色の山があったが、石《いし》尾根の連なりのなかの一つで茫洋とした山容は、憧れの尖峰の形ではなかった。それでも、周囲の山の中核となるすばらしい山に思えた。

その日から、雲取山は僕にとって、いつかは登るべき目標の山となった。「中学生になったら」「仲間だけで泊まりの山に行けるようになったら……」。それからの登山はいつも、雲取山を意識してのものになった。

67年の4月末、鷹ノ巣山から六ツ石山を経て氷川駅までの日帰りミニ縦走を成し遂げた。悪天のなか、巳ノ戸《みのと》の大クビレで「この先には雲取山がある」と確認し、雲取山への夢は実現可能なものに思えた。

その後は、月2回のペースで奥多摩に通い続けた。できるだけ標高差のありそうな山、日帰りできる限界の、長い距離を歩く山を意識的に選んだ。雨でも山を歩いてみた。

雲取山へ向かうのに、氷川駅から直接取り付き、石尾根を末端から延々と歩く僕たちが取ったルートは、下りならともかく、登りには大変だ。たとえば鴨沢《かもさわ》から、たとえば日原から大ダワ林道や富田《とみた》新道で、たとえば三条《さんじょう》の湯から登るなら、早朝に氷川駅を出発したなら、もっと快適に、楽しく、この東京都最高峰の魅力を余裕をもって味わうことができたはずだ。それでも、雲取山を支える柱のような何本かの尾根のなかでも長大な石尾根の末端からこの山に挑むのが、憧れの山頂へのフェアな登り方のように思えた。

しかし、未熟な中学生による真正面からの挑戦は、六ツ石山に着くころには後悔の気持ちが先に立つようになっていた。標高１４００ｍを超える六ツ石山に立てばもう大きな登りは少なく、水道水源林巡視路として造られた道は大きな上下もなく、少なくともブナ坂、奥多摩小屋付近までは導かれる……、と算段していた。

実際に歩いてみると地図にはない上下も多く、当時、日地《にっち》出版が出していた登山地図のコースタイムよりはるかに多くの時間を要した。氷川駅から奥多摩小屋前までは全員がキチンとひとまとまりでパーティらしく歩けたが、水のない山頂避難小屋に泊まる予定だったので1人最低でも2ℓの水を加えたことで、僕たちは限界を迎えた。奥多摩小屋通過は15時過ぎ。ヨモギの頭、小雲取山の肩、最後の山頂への急斜面と、とどめを刺すような登りで座り込み、立ち上がり、また休み……、を繰り返して登った。そして、へたり込むように登り着いた山頂だった。

当時の避難小屋は、入口に土間、続いて板の間があり、板の間の広さは6畳くらいだった。全員が落ち着いたのは17時過ぎ。実に10時間以上の苦闘を余儀なくされたわけだが、それでも避難小屋宿泊者では一番乗りだった。続いて、はるばる金峰山《きんぽう》から奥秩父主脈を縦走してきた大学生2人。さらに鴨沢から登り着いた高校生5人。いま思えば、現在の登山者の年齢層からは考えられない若い登山者が避難小屋に集結していたことになる。

ご飯は枝を拾い集め、外で飯ごうで炊いた。カレーは1台の石油コンロで作った。枝が足りず、避難小屋前のゴミ捨て場からダンボールの切れ端、新聞紙を拾い集めてなんとか炊き上げた。湿った枝から立ち上る煙で涙をこぼしながらの晩飯作りだった。

食事をしながら、奥秩父全山を縦走してきた大学生の話に耳を傾けた。増富《ますとみ》温泉を歩き出して実に6日目。停滞があり、食料も燃料もギリギリになったという彼らの話は大冒険談だった。最初はキスリングザックの上が頭より高く、ギシギシいう重荷に押しつぶされそうだったこと、甲武信《こぶし》ヶ岳で台風の通過があり、1日半停滞し、雁峠《がん》付近では雷で半日潰れたこと……。「いつか、きみたちもやってみたらいい」との言葉に、石尾根縦走路制覇で体力的に打ちひしがれていた5人はロウソクの明かりの前で大きく頷いた。

　夜半から屋根を打つ激しい雨音。入口の扉をガタガタいわせて強風が吹き抜ける。山の雨の激しさに驚かされた。と同時に、翌日、無謀にも奥秩父縦走路を西に向かい、飛龍《ひりゅう》山に登って丹波山《たばやま》に下りる計画が消えていくのを感じた。初日の疲労困憊で、もし晴れていても、当初の予定を完遂する根性があったかどうかは不明だが。

　担ぎ上げた水は、もう使い果たしていた。朝の訪れとともに、元気な3人で雲取山荘へ水汲みに行く。山頂は吹き倒されそうな風。それが一転、埼玉県側の北面に入ったとたん、ピタッとやむ。周囲を埋め尽くすコメツガの巨木の森。昨日、見続けてきた明るい草原とカラマツ、広葉樹のつくり出す石尾根からの雲取山の雰囲気とはまったく違う顔を、この山がもっていることに驚いた。静かに煙突から煙を上げる雲取山荘の前で水を汲み、再び山頂に戻って、残ったご飯で雑炊を作って食べた。そして、激しい雨のなか、鴨沢へと5人は駆け下った。

　これが最初の雲取山体験だった。大きな山だな、本物の山だな。四方に延びるルート、尾根、山頂に食い込む無数の谷、沢。この山に、これから何回も向かうことになるだろう。そして、山頂南側、避難小屋のすぐ前に立つ指導標の「奥秩父主脈縦走路　雁《がん》峠　雁坂《かりさか》峠　甲武信岳方面」という刺激的な文字。これは次の課題だ。

　雲取山は、奥多摩の東京都に属する山で群を抜いて大きな山容と標高をもつ。最初の登頂の際は展望らしい展望を見ることはできなかったが、首都圏の街並みと夜景を大きく見下ろし、富士山、南アルプス、大菩薩《だいぼさつ》や奥秩父主脈の大展望台である。東西方向からは山容が穏やかに見えるため、際立って目立つ山ではないが、たとえば北側の両神《りょうかみ》山から、あるいは南側の大菩薩方面から見ると、美しい三角形の姿を見せてくれる。

雲取山は正規の登山道だけで十指に余り、遡行価値の高い谷も無数にある。雲取山だけに通い詰めても、とても2年や3年で歩ききることなどできないスケールがある。

最初に訪れたころは、明るいカラマツ林や山頂付近のお花畑、山頂からの朝と夜の展望に惹きつけられたが、いま僕が雲取山でいちばん魅力的だと確信する場所は、山頂東側を大きく巻き、小雲取山から雲取山荘へと続く巻き道だ。ここは東京都に属し、東京唯一の亜高山の森がコメツガ、シラビソ、モミの原生林となって広がる。年間平均気温は6℃。北海道東部と同じ程度の気候が、東京砂漠の西の端に苔むした台地と共に広がる。オサバグサ、ヒカリゴケなど、およそ東京の一角とは思えない湿潤な深い原生林が、今日もひっそりと僕たちの訪れを待っている。

14章 雲取山 その2

最初の雲取《くもとり》山登山は、ほとんど山頂からの展望を見ないままに終わった。登頂した翌朝、風雨のなかを5人の友人と共に下りた鴨沢《かもさわ》への道は、あふれる水で川のようになっていた。

その2カ月後、秋分の日の連休に、僕は再び雲取山の山頂にいた。鴨沢バス停で仮眠をとり、早朝から御祭《おまつり》、天平《でんでいろ》尾根、ミサカ尾根、飛龍《ひりゅう》山ハゲ岩を越えて、前回の石《いし》尾根完全縦走よりさらにヨタヨタになりながら、夕暮れ時のガスに包まれる雲取山山頂の避難小屋に転がり込んだ。前回は、7月末とはいえ平日だったので全員無理なく泊まれたが、週休2日なんて夢の時代の貴重な連休だったから、もはや土間の隙間にしか場所はなく、ポンチョ（当時のビニール製雨具）を敷き、狭い湿った土の上を居場所として潜り込んだ。

午前2時前、トイレで外に出ると、大きく開けた東側の空間が一面の光の広場となっていた。僕は友人をソッと起こし、外へと誘った。その光の広がりの正体は、最初はわからなかった。前日、ハゲ岩から人生で初めて見た雲海が頭にあったので、「雲海に星が光っているんだよ」との友人の説明が正しいような気がした。確かに、見上げると一面の星屑が頭上に瞬いていた。避難小屋に入りきれずツエルトを被っていた高校生が起きてきて、「あぁ、あれは東京の街の光だよ！」と、事もなげに教

えてくれた。そうか、そうなのか……。あまりに美しく輝く光の渦が、僕たちの住む東京の明かりだと知った驚きは大きかった。

避難小屋に戻ってシュラフに入り、次に起きたのは、日の出を待つ人々のにぎやかな声のためだった。山頂は人で埋め尽くされていた。雲取山荘からも奥多摩小屋からも、ヘッドランプをつけた人々が列になって登ってくる。雲一つなく広がっていた東の空間には雲海があり、その上を金色に染めながら太陽が出てきた。山頂に集まった登山者たちは日の出に目を奪われていたが、僕はその反対側に大きく居座る、黒々とした龍が横たわったような飛龍山と、その背後に少しずつ標高を上げながら連なる多摩川水源地帯と奥秩父の山々に目を奪われていた。南アルプス、大菩薩《だいぼさつ》、富士山の展望と、雲取山から東に標高を下げながら続く東京都の奥多摩の山々の穏やかな雰囲気も最高だった。この雲取山がすべての山々の出発点であり、要のように思われて、そこに、今この瞬間に立っていることに興奮していた。

この日から雲取山は、僕にとって改めて特別な山になった。半年に一度は訪れ、十指に余る登山ルートを一つ一つ登っていった。

初めて訪れた年から2年後の1969年7月中旬、僕は一人で6日間、雲取山頂に滞在した。

避難小屋の窓は鉄板製。鉄格子が入り、壁は積み上げた石をセメントで固めた無骨な造り。石油コンロ全盛の時代で、内部はいつも石油臭かった。中に暖炉があり、その煙が抜けずいつも煙っていた。でも、一歩外に出れば大展望が待っていて、すぐ前にはオダマキ等の植物が咲いている、文字どおり「黄金の御殿」だった。

ここを拠点に、長沢背稜《ながさわはいりょう》を往復したり、日原《にっぱら》川上流に下って小雲取《こくもとり》谷や唐松《からまつ》谷の沢登りをした。ただし、計画的に周囲を登山したというより、とにかくこの山頂にいたかったのだ。毎日、日の出と日の入りを飽きるまで見た。日の長い季節なので、夜8時近くまで残照が山々を赤く浮かび上がらせていた。避難小屋には入れ代わり立ち代わり若い登山者が訪れては泊まったが、誰もいない夜もあった。

梅雨明け直後の安定した晴天が続いていた。明るくなるころ、山頂の木々に結ばれた古ワラジを拾っては、沢めがけて大ダワ林道（現在は廃道）や富田新道を駆け下り、覚えたての沢登りで滝を越え、釜を渡り、水源でポリタンクに水を汲み、再び山頂に帰った。避難小屋裏の南峰（南北に長い雲取山頂の山梨県側の高み）で午後は文庫本を読んだり、横笛やオカリナを吹いて過ごした。休養日と称し、昼に雲取山荘に水を汲みに下りた以外はひたすら山をボーッと眺めている日もあった。

この、最も多感で強い感受性を持った年頃に、雲取山の山頂で一人でボーッと過ごした6日間は、人生で最も貴重な時間だったと信じている。

雲取山に登るたくさんのルートでどこがいちばん好きか、と聞かれたら、最も楽だとされる鴨沢からのルートを挙げたい。雲取山は、どんなにポピュラーになっても２０１７ｍという標高は変わらない。奥多摩湖畔の標高は５００ｍより少し上。１日で１５００ｍの標高差を必ず登らなくてはならない。にもかかわらず、この鴨沢ルートは、ブナ坂までほとんど急坂がない。歩き出し半分はスギやヒノキが多く、ひたすら歩く以外にないが、石尾根に登り着いたブナ坂はすでに標高1600mを超えて、そこから始まる大菩薩、南アルプスの展望と亜高山のすばらしい雰囲気に浸ると、急傾斜はなんとなく過ぎてしまうという、魔法のような登山道なのだ。しかも、どんなによく整備された登山道でも「ここは転んだらケガじゃすまないぞ」という箇所が必ずあるものだが、鴨沢コースに限れば、臆病な僕でも危険箇所が思いつかない。奥多摩湖を箱庭のように見下ろし、人工林の中はガマンして歩き、その後は明るい展望の広々とした石尾根をたどれば、砂礫の中に山頂避難小屋が見え、山頂に着く、そんな道だ。

2番目には、以前は大ダワ林道を挙げていた。日原鍾乳洞から長沢谷出合までの林道歩きは長かったが、そこからは二軒小屋尾根の乗り越しを除き、終始、大雲取谷の渓谷を見下ろしながら巨樹の林立するトラバース道を静かに登っていけば、雲取山荘直下の大ダワのイチイの巨木の下に登り着く、渓谷と巨樹と静寂の道だった。最初に訪れたころは、日原林道が名栗橋までしか通っておらず、「大ブナ別れ」等も渓谷を見下ろす登山道の中だった。この大好きだった道は、シカの食害によるササの壊滅でトラバース中心の道の崩壊が相次ぎ、死亡事故を含む遭難が頻発し通行止めとなってしまった。

日原に至る登山道では、富田新道が、美しいカラマツ林と笹原からブナ、ミズナラの森となって、広葉樹の明るい森を見せて唐松谷から大ブナ別れへと下る静かな道となっている。また、ブナ坂から日原へと向かう唐松谷林道も、唐松谷の徒渉点まで一気に下った後、木々の間に唐松谷の沢音を聞き、野陣ノ滝、大滝の気配を感じながらたどる原生林の中のしっとりとした道だ。ただ、いずれも最後は急峻な渓谷沿いの道となり、崩落箇所を越える微妙なコースで、ボンヤリと歩ける道ではない。

静かな山の湯の三条の湯を通るコースも捨てがたい魅力がある。御祭《おまつり》からの林道歩きは美しい広葉樹の森が中心で、思うほどつらくはない。林道歩きがいやなら、サヲラ峠を越える原生林の道を使えば、三条の湯に対する感じ方も違うはずだ。しかし、三条の湯から雲取山までの行程はまだ長い。水無尾根は樹林が美しく、飛龍山が雄大に見え、山奥を歩いていることを実感させてくれる。三条ダルミでは南側の明るい展望にホッとするが、最後にとどめを刺すような急登が待っている。雲取山まで見晴らしが悪い分、飛び出すように登り着いた感覚は、このコースの最大の魅力かもしれない。

三峰神社からのルートは多くの人々に歩かれていながら、最も湿潤な「森の山」の美しさを感じさせる。霧藻ヶ峰、前白岩、白岩山を越えて大ダワに至る原生林の美しさには、奥多摩とは別の奥秩父っぽい風格がある。

東京都と埼玉県を分ける都県境尾根は、西側の部分を長沢背稜と呼び、雲取山から長沢山、酉谷《とりだに》山、三ツドッケ、蕎麦粒《そばつぶ》山などを経て棒《ぼう》ノ折《おれ》山、高水三山《たかみずさんざん》まで、長い尾根が続いている。地味な山が多いため訪れる人は少なく、60年代ごろは芋ノ木ドッケを出発すると、頭を越すスズタケとの格闘に終始した。今ではシカの食害でササなどまったく見なくなったが、奥多摩で最も不遇で厳しい山域として、奥多摩の北端を支えている。

ほかにも、正規の登山道ではないが、奥多摩小屋の上のヨモギの頭に後山川から上がるヨモギ尾根、七ツ石山に後山川から登る七ツ石尾根、芋ノ木ドッケに旧大ダワ林道の下部から突き上げる二軒小屋尾根などは、地形図片手に踏み跡を探し、時間をかけて登れば、雲取山の別の表情と出会えるだろう。またたとえば、天祖山経由で登る、鷹ノ巣山の各ルートを登山コースに加える、多摩川水源の山々と結んでプランを立てるなどすれば、無数の創造的な山行が可能となる。そして、それに倍する谷の遡行がプラスされる。四季の変化を加味すれば、毎月のように雲取山を訪れても10年やそこらで歩ききれるものではない。訪れるたび、まったく違った魅力を見せてくれるはずだ。

15章

唐松尾山

奥多摩に通い詰め、「奥多摩が好きだ」という人でも、その最高峰である唐松尾山《からまつおやま》を訪れたことのある人は少ないだろう。そもそも奥多摩の最高峰が、この唐松尾山であることを知っている人さえ少数派ではないだろうか。

それでは、唐松尾山は目立たない山なのか？　そんなことは断じてない。大菩薩《だいぼさつ》方面から、あるいは青梅《おうめ》街道と多摩川源流・一ノ瀬高原の間に立つ犬切《いぬきり》峠付近から見ても、高く連なる多摩川水源地帯の黒々とした山脈に、一段、頭を高く上げた山容は堂々として君臨する。また、和名倉《わなくら》山方面から南側を見たとき、塀のように連なる埼玉・山梨を分ける県境稜線が高く並ぶなかに飛び出すピークは、独特の姿が印象に残るはずだ。標高2109m、山容の大きさでは近くの飛龍《ひりゅう》山に劣るものの、他をはるかに引き離す奥多摩最高峰であることに変わりはない。

とはいっても、やはり不遇の名峰であることは事実で、僕がこの山頂に立ったのも、雲取《くもとり》山に初めて登った日から遅れること6年近く、1973年の晩春だった。しかも、日原《にっぱら》奥の沢を遡行して雲取山から雁坂《かりさか》峠へ縦走する途中に、あえて立ち寄った形での登頂だった。

唐松尾山は、なぜこんなに不遇なのか？

多摩川水源地帯の雲取山から笠取《かさとり》山、雁《がん》峠に至る縦走路は、一方で奥秩父主脈の東部にあたる。この山域の大部分は東京都水道水源林として保護されていて、その縦走路も、森林管理の巡視路を利用するものだった。森林巡視の作業では水源林を荒廃から守り、かつては盗伐を監視し、現在ではシカの食害等の被害状況、山崩れなどを調査し、保全するための作業道を必要とした。そのためには山頂を一つ一つ登頂する必要はなく、最も労力を使わない形で、等高線に沿うように道が刻まれた。それがそのまま登山者のための縦走路として使用されていたのだ。

飛龍山、大常木《おおつねぎ》山、龍喰《りゅうばみ》山、西御殿《にしごてん》岩、黒槐《くろえんじゅ》ノ頭などは、いずれも2000mを超える立派な山なのに、縦走路は山頂を踏まず、わずかな踏み跡をたどって三角点を確認する山だった。その筆頭が唐松尾山だ。

唐松尾山に初めて登った73年のことは、今でも鮮明に記憶している。雲取山山頂避難小屋を早朝に出発して、やがて縦走路を外れ、飛龍山の山頂を踏み、奥多摩随一の展望台・ハゲ岩に立った。咲き始めたアズマシャクナゲが鮮やかな色の花をつけ、みごとだった。

縦走路に戻り、将監《しょうげん》峠の明るい草原を越えて牛王院平《ごおういんだいら》を過ぎ、山《やま》ノ神土《かんど》の笹原に着いた。山ノ神土は十字路になっていて、西には明瞭な奥秩父主脈縦走路が、北東には和《わ》名倉《なくら》山に向かう細々とした道があり、その間にあるか細い踏み跡が唐松尾山への道だった。ここまでは明るい防火帯やカラマツの森、笹原の道だったのが、一転してコメツガを中心とした、苔むすしっとりした道に変わった。ガレ場を3本横断して高度を少しずつ稼いでいった。

ササの中にカマボコ板程度の小さなブリキ板があり、「西御殿岩へ」という消えかかった文字が読める。どうしようか……。迷ったが、僕にとって奥多摩で登り残した最後の山だったので、やはり行くべきだと思い、さらに細い踏み跡を追って登っていった。やがて県境の尾根に出て、所々に現われる岩場に横長のキスリングザックが当たるのを気にしながら、ボロボロの岩を攀じ登り、狭い西御殿岩に立った。一人なのに思わず歓声を上げた！　情報がなかった分、期待を超えるすばらしい光景がそこにはあった。富士山が、大菩薩が、南アルプスが、そして越えてきた大きな飛龍山が、カーンと冴えた展望となって眺められた。北面には、以前、見たときよりさらに伐採が進んで全山丸裸になった和名倉山が、視界の半分を占める大きさで横たわっていた。面倒がらず、この西御殿岩に立って本当によかった。

ササの斜面に足を取られたりしながら分岐に戻り、巨大な天然カラマツが点在する明るい斜面を登り続ける。ここも一面にピンクの花をつけたシャクナゲの原だ。倒木が稜線を覆う歩きにくい箇所を通り過ぎ、小高い肩に登り着いた。西へ向かう踏み跡は笠取山へ続いている。そこから30mほど北側に、三角点と唐松尾山の標識がポツンとあった。展望は木の間越しにわずかに見えるだけの、木々に囲まれた小さな山頂だが、それでも僕は満足した。長年の宿題を片づけてホッとしたような気持ちだった。湿りかけたカンパンを頬張って、ガスが立ちこめてきた稜線を笠取山へと向かっていった。これが、この山との出会いだった。

その後、幸か不幸か唐松尾山は少しずつ有名になっていく。80年代に、唐松尾山と笠取山の下を丁寧にトラバースしていく奥秩父縦走路の、谷を横断する箇所が何カ所か崩れ、しばらくの間、通行止めになり、唐松尾山経由で稜線を縦走する人が増えた。踏み跡も、路肩に丸太が置かれたりして少しは歩きやすくなった。天然カラマツやシャクナゲが美しく、所々で大きく開ける展望の尾根は、やはり、巻き道中心のトラバースの縦走路より、労力はかかっても魅力的だったのだ。

さらに、60年代の『アルパインガイド』(山と溪谷社)では奥多摩版でも奥秩父版でも完全に無視されていた唐松尾山が、98年版では「奥多摩・多摩川水源の最高峰」として、縦走のついでではなく、単独で登られるべき隠れた名峰として大きく紹介された。

唐松尾山から黒槐ノ頭、笠取山と続く稜線は、本当の意味で多摩川が生み出される水源の山だ。その山腹には、東谷、夏焼沢、中瀬川、中島川があり、多摩川水源の沢として水干《みずひ》沢と最大支流の黒槐沢(出合の水量は、どう見てもこちらが多摩川本流のようだ)がある。いずれも、白く輝く花崗岩の広々としたスラブが連続する明るい沢だ。遡行者は少なく、倒木なども多いが、もう少し登られてもよい沢だと思う。

山頂からは大きな展望は得られない、と決めてかかっていた唐松尾山だが、そうではないことを知ったのは、北側の荒川支流・滝川の槇《まき》ノ沢を遡行して山頂に立ったときだった。

連続する大きな釜と大水量の滝川本流を遡行し、焚き火を囲んで一夜を過ごし、槇ノ沢の出合に立ち、将監峠の北側の仙波尾根に登り着いた後、唐松尾山の山頂に立った。山頂の北側には、獣道に毛が生えたような黒岩新道があり、未知の尾根だったが、滝川流域には秩父営林署の歩道が網の目状に走っているのを知っていたので、「なんとかなるはず」と、下ることにした。

山頂を後に、北に延びる踏み跡をたどること3分。突然、森が開け、小さな露岩の上に立った。オォッと思わず小さくガッツポーズを取りたくなる展望が広がっていた。目の前に雁峠、雁坂嶺、和名倉山の大きな山々。その先に、独特の山容を見せる両神山《りょうかみ》。西御殿岩にも匹敵する展望がそこにはあった。そして、何よりも足元に食い込む荒川滝川の谷の深さと大きさ。はるか上から眺めても、ゴルジュの激しさとすさまじさが実感できた。かすかに聞こえるゴーッという滝川の渓声。山頂からほんのわずかの所に、こんな眺めを隠し持つ唐松尾山の魅力を改めて感じた。

黒岩新道は「新道」などと呼べるものではなかった。無数の獣道が錯綜し、ただただ忠実に尾根筋を下降する踏み跡だった。だが、その名の由来となった2つの黒岩はみごとだった。上黒岩、下黒岩、どちらの岩の上にも道は通らず、巻き道のテープがそこだけ明瞭に付いていたが、上黒岩には攀じ登った。山頂北の露岩より、さらに谷が近くなり、周囲を高い山肌に囲まれた雰囲気は、やはり、奥多摩とは違う奥秩父の光景だった。

この日、滝川右岸の歩道をたどり、壊れかけた吊り橋で対岸に渡り、左岸の森林軌道跡を歩いて、大滝村（現在の秩父市大滝）栃本下《とちもとした》のどん詰まりの集落・川又に着いたのは夜9時を過ぎていたのを忘れない。

唐松尾山は、やはり奥多摩の王者と呼ぶにふさわしい奥深さをもった山だ。縦走の途上に登るにしても、最短コースである一ノ瀬高原の三ノ瀬から将監峠を経由して山頂に向かうにしても、はるか彼方の山との印象をぬぐえない。三ノ瀬までは、塩山駅《えんざん》から青梅街道を落合までたどり、犬切峠《いぬきり》を越えて行くにしても、または多摩川源流である一之瀬川沿いに林道をたどるにしても、登山口まで相当な時間と距離を要する。それだけに、南面の明るさと、北面の鬱蒼とした原生林のまったく異なる雰囲気、風の匂いまで違う奥多摩多摩川水源地帯に共通するコケの道を歩く感動は小さくない。

改めて言うが、西御殿岩の標高２０７５m、唐松尾山２１０９m。雲取山、飛龍山より、また多摩川を挟んだ大菩薩嶺より高い山塊がそこにある。奥多摩好きなら一度は向かうべき山だ。

16章

消えた奥多摩の花畑

奥多摩湖のすぐ下流で多摩川に注ぐ水根沢《みずね》。出合からいきなりゴルジュが連続し、滝や釜の通過に遊園地的な楽しさがあるため、昔も今も、奥多摩で断トツの人気を誇る沢登りルートだ。

僕が初めて訪れた1970年代は、水根沢が流れ出す鷹《たか》ノ巣《す》山（正確には、その東側にある小ピーク・水根山）への登路として遡行されていた。

8月の終わりだった。出合からの息をのむ悪場の連続は、雄大な大滝、美しい半円ノ滝で終わる。現在、遡行者の多くはここで遡行を終了し、左岸に走る水根沢登山道を出合へと下っていくが、滝はその上にも続いていて、僕たち2人は遡行を続けた。

水量が少なくなり、カラマツ林内のスズタケのヤブこぎを終えると、ポッと石尾根縦走路に登り着いた。実に7時間以上を要する大きな沢登りだった。

グッショリと濡れた体でもモワッとした暑さを感じる晩夏の空気は、爽やかとは言い難かった。目の前の鷹ノ巣山をめざして登る。

もう山頂、というとき、頭に小石の当たるような感覚があった。「やばいっ、雹《ひょう》だ！」。初めて体験する山上での雹。そして真横で鳴り出した雷。山頂を飛び越え、西側にあるはずの鷹ノ巣山避難小屋

めさして走った。

逃げる以外に余裕がなかったはずの僕たちだが、一つだけ鮮明に目に入っていたものがある。登山道の南側斜面を埋め尽くすように咲く濃いピンクの花の群れが、雹とともに吹き出した風に揺れていた。それは腰辺りまでの高さがあった。

ブロック造りの武骨な避難小屋に飛び込み、一息つく。全身ずぶ濡れ。歯の根の合わない寒さだ。外を覗くと、雹が白く地面を隠している。辺り一面、まるで雪でも降ったかのようだ。雷の大きな音は続き、小屋の窓に稲光が走る。やがてザーザーという雨の音に変わったかと思うと、いきなり太陽が照りだした。狐につままれたような気分で小屋から出ると、雹の粒は見る見る小さくなり、地面からも、あのピンクの花畑からも、モウモウと湯気が立ち上っていた。

ワラジをつけたままの地下足袋で最短コースの峰谷《みねだに》へ下った。気温が高く、体は乾きだした。

峰谷に着くと終バスはもう出たあとで、奥多摩湖畔へと車道を歩いた。まだ日の長い季節で、鷹ノ巣山の隣の日陰名栗《ひかげなぐり》ノ峰に夕日が当たっていた。だが夕日の色とは別に、石尾根の頂稜部分の草原がピンクに染まって見えた。

「あのピンクの花で斜面が染まっているんだ」

「いや、それはないだろう。夕日だよ」

友人と言い合いながら、2人とも、花の色で染まっているんだったらいいな……、と思った。

当時、花の名前は知らなかった。その美しい花がヤナギランであることを知ったのはだいぶ後のことだ。

あのころ、なんで奥多摩の山々は、あんなに花であふれていたのだろう。春の訪れ、新緑の季節から後の奥多摩は、どこも花だらけだった。あまりにどこにでもあったから、逆に花の名前なんかには興味が湧かなかったほどだ。

梅雨が明けたころの草原、今、考えれば、その多くは人工的な防火帯だったかもしれないが、そこは一面の花で覆われていた。盛夏はヤマウド、ギボウシ、オダマキ、それを過ぎるとヤナギランとマツムシソウ。防火帯の脇ではシロヤシオから始まり、ミツバツツジ、ヤマツツジと続き、レンゲツツジで終わる。次々と舞台衣装を替えるような、季節の進行に合わせた花の連鎖があった。

春浅い日に、長沢背稜《ながさわはいりょう》で焦げ茶色のホラ貝のような花を見つけ、それがザゼンソウであることを後日知った。

今この話をすると、「そんなことは、いくらなんでもないだろう」と言われるのだが、あのころは晩春になると、奥多摩小屋の前には一面にアツモリソウが咲いていて、登山道にはみ出したものは登山者に踏まれていたのを覚えている。花の記述の極めて少ない僕の登山記録を見ても、70年代の終わりまで、奥多摩は春から初秋まで花に覆われていたことになる。

こんなことを書くと叱られそうだが、当時、味噌汁の具としてギボウシやヤマウドを現地調達するのは当たり前だったし、沢でのビバークでは、インスタントラーメンの具材はミズやヤマワサビだった。

と同時に、樹林帯の木々の下は、奥多摩全部がそうだったかのようにスズタケに覆われていた。とりわけ日原《にっぱら》の上流にはスズタケが密生し、長沢背稜に上がる沢の遡行の最後では、どんなに暑くても長袖・襟つきの山シャツを着込み、軍手も欠かせなかった。首筋から入るササの葉のカケラに辟易し、ホコリでクシャミをしながら稜線へと這い上がるのが、奥多摩の沢登りの詰めだった。

草原のお花畑が変化し始めたのはいつごろだったんだろう？　おそらく80年代に入ってから、少しずつ様子がおかしくなり、90年代になると、確実に目に見えて「これは変だ」と誰もが感じたはずだ。毎年のように必ず咲き乱れていた草原の花がなくなってススキの原に変わった時期があり、不思議に思っていたら、そのススキも消え去った。その後、マルバダケブキという少し濃い黄色の大きな花と、筋が強くて分厚い葉をつけた、少し猛々しい印象の残るフキが草原の主役となった時期がしばらく続き、それも数を減らしていった。

当初、原因を知らない僕は、奥多摩の山を19世紀末から管理している東京都水道局水源林の関係者が、防火帯の植物すべてを消し去ろうとしているのかと勘繰った。防火帯の草原は、ハシリドコロ、トリカブト、マルバダケブキなどの限られた植物が、露地化した斜面に細々と生えている状態になってしまった。

森の中の様子もおかしい。コメツガやシラビソの木の樹皮にナイフで裂いたように鋭利な刻みがつけられ、樹皮がクルリと剝がされて立ち枯れするものまで現われた。わずかにアセビなどが、変わらず元気に森の中で数を増やす。

草原の草花の死滅。木々の不思議な立ち枯れ。この最大の要因は増えすぎたニホンジカであると知られるようになったのは、奥多摩から相当数の植物が消え去った後だった。

僕自身、最初は「まさか、そんな」と一笑に付していた。しかし、花どころか、あれほど広大な面積を埋め尽くしていたスズタケが葉をすべてなくし、箒の先のように枝だけを立てて並び、それさえもパラパラと消えていくに及んで、初めて事の重大さに気づいた。

スズタケなどは、ブナなどの種子の発芽のじゃまをして、道のない尾根を歩きにくくし、谷の詰めでは立ちはだかり、と嫌われ、山の無用の長物と思われてきたが、実は、深く広く山の斜面に根を張り、土の流出を防ぎ、水系と山容を守ってきた大切な植物だったのだ。山の中のあらゆる木々、植物、生き物は、お互いに密接に支え合い、全体として奥多摩という山と谷と森と、それに依拠する山里の人々の生活と仕事を支えてきた……という当然すぎるほど当然なことを、なくなってみて初めて知ることとなった。

奥多摩のニホンジカは、90年代後期の6年間で実に10倍まで増えたという。なぜこんなことになったのか？　ニホンジカはもともと草原の生き物で、山地に適してはいない。開発で平地を追われて山に入っても、大量降雪のたびに数を減らして適正な個体数を保ち、大きな問題とはならなかった。シカは腹の高さを超える積雪に出合うと移動できなくなり、餌が得られず、小さな個体から死んでしまう。こんなに爆発的に数が増え、山を食い荒らす悪者にされてしまったのは、温暖化による寡雪が続いたためだという。

2014年2月7日と14日、時ならぬ大雪が奥多摩を襲った。春を迎えると多くの谷筋で、打ち重なって息絶えたニホンジカの亡骸と出合った。その後、少しの間だけ、「どこに隠れていたんだ?」という風に、ポツポツとオダマキやギボウシの新芽が草原の中に顔を出した。しかし、それも再び食われてしまった。

奥多摩の山々は遠くから見る限り、奥多摩主脈の周遊道路や林道の車道化以外は大きく形を変えてはいない。ただ、中に入れば、花は消滅し、原生林は立ち枯れして、カヤトに植えられた苗木は伸びて人工林となり、山襞に隠れるように無数にあったワサビ田の多くが消え失せた。

わずか半世紀前後の間に変貌した奥多摩。植生を回復させ、動物を適正数に戻し、自然と人が共存する山を取り戻す方法はあるのだろうか?

奥多摩の美しかったお花畑が懐かしいだけではない。季節の花が溢れ、原生林独特の匂いのする山を身近にもつことのすばらしさを身をもって体験したからこそ、そう思うのだ。

17章

渓と展望の川苔山

川苔山《かわのり》は標高1363m。2000m級の山もある奥多摩のなかでは中くらいの高さで、けして「高い山」ではない。にもかかわらず、四季を通じて訪れる登山者の数では、奥多摩屈指の人気を誇っている。

僕自身、奥多摩の山に通い始めて2年にも満たないうちに訪れた山だった。当時の古びた山行ノートの日付を確認すると、訪れたのは1967年6月2日だが、初夏というより晩春の趣が強く残ったみずみずしい光の中の一日だった。氷川駅《ひかわ》(現在は奥多摩駅)からバスで日原川《にっぱら》沿いに遡り、川乗橋《かわのり》が出発点だった。バスの車窓から見下ろす日原川の激流に目を奪われ、バスを降りた。

満員に近いバスの乗客の半分近くが、この川乗橋で降りた。沢の音とミソサザイの鳴き声が響く川乗谷を歩いていった。力強い緑の葉とミツバツツジが、トラックも通れる林道の左右を埋めていた。当時の林道工事は土石をガンガンと谷に落とす荒っぽい工法だったため、川乗谷はかつての渓谷美を失ったと言われていたが、釜や小滝が連続する姿は車道から見下ろすだけでも充分に刺激的だった。

やがて「聖の茶屋」と看板のかかった茶店が現われ、そこから踏み跡を下り、美しい聖ノ滝に寄り道した。周囲は水流で削られたツルツルの岩壁で、岩を割るように滑り落ちる滝はみごとだった。そ

して、この川乗谷で初めて「沢登り」に向かう人々と出会った。すぐ上流に沢登りの名ルート・逆川《さかさ》があり、そこを遡るパーティだった。

細倉《ほそくら》橋で車道の林道と分かれて、川乗林道という名の登山道を歩く。小さな橋で何回も奔流を渡るたびに、岩を食む激流と苔むした沢床が次々と現われた。長《なが》滝、夫婦《めおと》ノ滝と10mに満たない滝が連続し、青い釜が続いた。木の間越しに、クラヤミ淵と呼ばれるゴルジュを割って入る火打石《ひうちいち》谷出合の上でザイルを出している登山者の姿が見えた。「ここも沢登りをする谷なんだ！」。身近な奥多摩の山にも、登山道を乗り越えた冒険の舞台があることに新鮮な刺激を受けた。

川乗谷がいったん開けた後、登山道は大きく左岸からゴルジュを高巻く。一段上に登り着き、その下に大滝を従えた百尋《ひゃくひろ》ノ滝が予想を超えた迫力で飛沫を上げながら落ちていた。階段状の岩場を下りて、その滝壺の縁まで行ってみる。垂直に落下してくる雄壮な滝で、飛び散る水で濡れるほど間近に迫れたのがうれしかった。この百尋ノ滝の下の大滝は、70年代に右岸が崩落し、12mの滝の全部が岩塊の下に埋もれ、姿を消した。増水、その他でガレが流れ、一時は復活したものの、90年代に再び右岸に崩壊が起こり、現在はその姿を岩の堆積の下に隠している。

百尋ノ滝からは、細かく分岐する仕事道、ウスバ峠から本仁田《ほにた》山下の大ダワへと向かう登山道などを分け、足毛岩の肩に向かって火打石谷、横ヶ谷の源頭を横切りながらトラバースしていく。やがて明るい防火帯の切られた尾根道に変わった。一歩登るごとに展望が開けていく。背後に大きく石《いし》尾根から雲取山までが見られ、その50日後に憧れの東京都最高峰に向かおうと決めていた僕たちは、熱い眼差しを、その巨大な山容に向けていた。

急な登りをへて、2度のニセ頂上にだまされ、ひときわ急な登りの末に川苔山山頂にたどり着いた。当時、晴れた週末には奥多摩の山々を訪れる登山者が多く、山頂は人で埋まっていた。川乗橋からの標高差1000m弱。日帰りの山としては、僕たちには精いっぱいの川苔山だった。咲き誇るミツバツツジの後ろに、多摩川を挟んで大岳《おおだけ》山、御前《ごぜん》山、三頭《みとう》山がきれいに並んでいた。

川苔山が、いつの時代にも多くの登山者を惹きつける理由は、この変化に富んだ川乗谷コースの存在にあると思う。奥多摩全域を見渡しても、安定的な登山道の維持管理が難しい渓谷沿いのルートは、ここ以外には鷹ノ巣山水根《みずね》沢林道と、雲取山唐松《からまつ》谷林道の2つしかない。そのなかでも、水辺ぎりぎりに登山道が延び、ときには沢の飛沫を浴び、釜の中にヤマメを見つけ、何回も沢を横断し、大小の美しい滝を見ながら歩ける川乗谷ほどの高揚感は、ほかのコースにはない。ただ、谷の数メートル上をトラバースしていく登山道は、怯えるほどの高度感はないにもかかわらず、路肩の踏み外し、滑落などで沢床に転落するトラブルが少なくない。人気の高いルートだが、実は奥多摩でも事故の多い場所なのである。

川苔山は、70年代初頭まで登山者の山であると同時に、その山麓に住む人々が山仕事を営む山でもあった。沢のほとんどにワサビ田が作られ、林業が営まれ、小さな造林小屋、作業小屋があちこちに立っていた。現在では、それらに通う道はあまり使われなくなっているが、道形はかすかに残っている。そんなことから、多くの人が訪れるものの、道迷いが多い山でもある。

僕は、奥多摩に通いだした人には、この川苔山と大岳山に一度は登ることを勧めている。大岳山は、奥多摩主脈の東寄りにある山頂で、展望に優れている。西を見れば、稜線はそこから御前山、三頭山へと少しずつ標高を上げ、大菩薩《だいぼさつ》連嶺に続く山々と、三頭山から秋川上流の山との位置がよくわかる。川苔山はボリュームがあり、周囲の尾根からいったん大きく標高を下げて再び隆起する山容からは独立峰のような強い印象を受ける。そして本仁田山へと続く尾根を筆頭に、四方に尾根を延ばし、そこに食い込む急峻で明瞭な沢によって極めて複雑な山容をつくりだしている。山頂からは、東京都と埼玉県を分ける多摩川北岸の長沢背稜《ながさわはいりょう》に続く山脈とのつながりが見てとれる。雲取山へと続く尾根の位置関係、雲取山から延びるもう一本の尾根・石尾根の様子もよくわかる。奥武蔵《おくむさし》の山とのつながりなども手に取るように見えるため、多摩川北岸の山々を理解する上で、ぜひ登ってほしい山なのだ。

「次は、あの山」「あの山にも行かなくちゃ」と、登りたい山が次々と生まれてくる。

川苔山は、代表的な川乗谷林道のコース以外にも、たくさんの魅力的な登山コースをもつ。そのなかでも、50年ほど前まで親しまれていたのが、川井駅から大丹波《おおたば》川に沿って歩き、獅子口小屋から山道を登るルートだった。大丹波川沿いには山里の集落が点在し、穏やかな大丹波川は、川乗谷とはまったく違う渓谷美を見せていた。車道の終点からたどる登山道には、獅子口小屋という老夫婦が常駐する山小屋があり、根強いファンがいたのを思い出す。小屋の前には屋根のついた休憩スペースがあり、のどかな雰囲気があった。今では小屋もなくなり、登山地図に「獅子口小屋跡」と記された広場が残されている。距離は長くても急登の少ない、大丹波からのこのコースをたどる者は、今は少ない。

最初に川苔山を訪れたとき、僕たちは中学生4人のパーティだった。一つでも多くの登山道を知りたかった僕たちは山頂で二手に分かれ、2人は「ついでだから本仁田山にも行く」コースに向かい、僕たちは赤杭尾根《あかぐな》を下りた。本当は1人ずつ、大丹波川コースや、鳩ノ巣駅に向かう道にも行きたかったが、単独行への不安から自制した。赤杭尾根は古里《こり》駅へと向かう明瞭なルートで、途中、エビ小屋山、赤杭山の立派な山頂もあり、スギ、ヒノキの人工林や広葉樹の森、草原をたどる明るい尾根だった。登山道は途中の2つのピークを巻いていたが、一つでも多くの山頂に立ちたい年頃だったので無理やり登り、オオバギボウシやワラビを採って帰ったことを覚えている。

もう一つ、極めて印象深かったのは、高校生になってからの1971年2月に、東日原から横スズ尾根を経由して向かった雪の川苔山だった。三ツドッケに登り、仙元峠、蕎麦粒《そばつぶ》山、日向沢《ひなたさわ》ノ峰《うら》と、ウサギの足跡しかないまぶしい雪尾根を一人で黙々とラッセルした。蕎麦粒山から見た、雪をまとい、肩をいからせたような川苔山の厳しい姿は、最も印象に残るものだった。

川苔山は、遡行する価値のある沢を山中にたくさんもっている。無数の滝と釜とゴルジュがあり、沢登りの入門ルートとして知られる逆川。出合付近に極端なゴルジュがあり、登攀的な要素の強い火打石谷。大丹波川支流で川苔山山頂東に突き上げる真名井《まない》沢。赤杭尾根と鳩ノ巣ルートに挟まれ、三段35mの早滝をもつ入川《いりかわ》谷などが代表的だ。この50年の間に伐採や崩壊などで大きく変化したが、いずれも現在でも遡行価値のある沢だ。

川苔山は50年前には、その山中に造林小屋やワサビ小屋に常駐しながら働く人々がおり、登山中に交流できるのもこの山の魅力だった。日暮れ時になると、あちこちの山肌から夕げの煙が幾筋も青白く立ち上っていたのを思い出す。

18章

不遇の名山 飛龍山

飛龍山と書いて「ヒリュウサン」。国土地理院の地形図では「ひりゅうやま」と表記しているが、堂々として風格のあるこの読み方が、この山にぴったりで大好きだ。奥多摩側のどこから見ても、飛龍山とは絶妙な名前をつけたものだと思う。前飛龍を顔面に、飛龍山山頂付近を頭に、北天《ほくてん》のタルから続く三ツ山を胴から尾に。黒く巨大な龍が今にも空に向かって登っていきそうな勢いが「飛ぶ龍」にふさわしいみごとな姿を見せている。それが西側、将監《しょうげん》峠や唐松尾《からまつお》山、大菩薩《だいぼさつ》からは、ピラミッドのような三角錐の山容に見える。これもまた、重みがあって印象的だ。

初めて雲取《くもとり》山に登頂したとき、夕暮れ時にヨタヨタでたどり着いた山頂は、迫りくる悪天が吹き上げるガスと共に展望を奪う直前だった。避難小屋に荷物を下ろし、最後の力を振り絞って、2分ほど先の山頂にある三角点の前に立った。西のほう、奥多摩でもまったく未知の方向に、黒々と、少しずつ標高を上げながら続く山々があった。それが見えていたのは一瞬だったのか、数分だったのか、ちゃんとは覚えていないけれど、視界の大部分を占める山があった。「あの山はなんだ？」。しかし、ガスと風で視界を遮られ、その夜は強烈な風雨となって、二度と展望を得られなかった。避難小屋に戻り、ヘッドランプとロウソクの明かりの下で登山地図を広げ、あの大きな山容の黒々としたイメージ

の不機嫌そうな山こそが飛龍山であると、あらためて確認した。「アイツか。あれが飛龍山なんだ」

登山経験が少ないと無謀な計画を立てるものだ。生意気盛りの中学生でもあり、何回かの登山経験を積むと、ガイドブックのコースタイムより早く歩けることに気をよくして、一度の山行でできるだけたくさんの頂上を踏み、長い距離を歩きたいと考えるようになった。この最初の雲取山登山は、奥多摩駅から石《いし》尾根に取り付き、六《む》ツ石《いし》山、鷹ノ巣山、七《なな》ツ石《いし》山を越えて初日に雲取山に泊まり、翌日は飛龍山に登頂し、さらにミサカ尾根から天平《でんでいろ》尾根を下降するという、今なら考えないような長駆駆け足登山を予定していた。初日は真夏の炎天下で、初めての重荷に汗だくになって、なんとか雲取山まで到達した。翌日は悪天候のなかを下山したが、もし好天に恵まれても飛龍山に向かう体力はなかった。下山後、「いつかは登ってみたい夢の山」と思うほど、飛龍山は遠いという印象を持った。

しかし、その2カ月後、秋分の日と日曜日が連なった貴重な連休に、僕たちは懲りもせず再び飛龍山をめざした。前日は鴨沢《かもさわ》のバス停の小さな屋根の下で寝た。真っ暗な奥多摩湖に怯え、よく眠れない一夜を過ごした。翌朝、奥多摩湖畔の青梅街道をヘッドランプをつけて歩く。御祭《おまつり》を過ぎ、夜が明けるころ、親川から飛龍山へ向けて長々と延びる天平尾根に末端から取り付いた。登りたかったのは飛龍山なのだから、山頂に近い三条の湯から登るとか、せめて丹波《たば》からサヲラ峠を経て登るなど、もっと合理的なルートがあるのだが、僕たちは末端の天平尾根から登りたかった。最初の石尾根から見下ろした飛龍山のミサカ尾根にサヲラ峠から取り付く行為は、カンニングに近いように思えたのだ。

歩行時間は12時間近かった。テントは持っていない。山小屋に泊まる金などあるわけもない……泊まれるのは無料の避難小屋だけだ。だから夜になっても雲取山まで行くしかなかった。

天平尾根の取付は急峻だったけれど、道はしっかりしていて登りやすかった。やがて人家が現われた。高畑《たかはた》の集落だった。さらに後山《うしろやま》の集落。どちらも当時は人が住んでいて、住民と挨拶を交わした。急峻な登りを制すると、傾斜が落ちて尾根も広がった。あの広々とした部分にさしかかり、ホッとする。

この山行は天気予報がひどく悪かった。秋雨前線が停滞し、低気圧の影響が出て、高い山では大荒れの情報もあった。辺りは一面のガス。少しずつその霧の粒が大きくなり、霧雨と言ってよい降り方になってきた。それでも、カヤトの原に細々と続く踏み跡を追って、尾根を外さないように登る。保《ほ》ノ瀬《せ》天平、丹波天平と広大な尾根上の広場を越えて、予想より早くサヲラ峠の巨木と祠の前にザックを下ろした。

ミサカ尾根は徐々に傾斜を増し、火打石を越えると少しずつ尾根がやせてくる。朽ちたハシゴ、ボロボロの残置ロープが現われ、岩まじりの急斜面を登り続ける。そのとき、濃かったガスが動きだし、足元に日が当たり始めた。見上げると、頭上には青空がある。そして僕たちは突然、雲の上に躍り出た。再び雲の中に入り、また日のそそぐ斜面に出て、とうとう雲海の上に飛び出した。その場が前飛龍の岩峰だった。大菩薩が見えた。遠くには、さらに高い山々が見えた。

飛龍山ハゲ岩をめざして、シャクナゲが密生するやせた尾根を急いだ。飛龍権現の社に着き、西に3分。僕たちは岩場の突端に立った。足元には白い雲の絨緞があった。その上に南アルプスが大きく横たわっていた。年に何回もない連休のため、ハゲ岩には数人の登山者がいた。その中の一人が、遠く北アルプスから、浅間《あさま》山、南アルプスの一つ一つの名前を教えてくれた。

雲海は、本当に雲の海だった。しかも真っ白い海だった。分厚い雲が輝いていた。それが少し動き、足元が割れて大きな緑の谷間が見えた。これがその後、僕を夢中にさせた大常木谷《おおつねぎ》だった。僕は、ハゲ岩をしばらく動けなかった。どうしても、その日のうちに雲取山頂の避難小屋に着かなくてはいけないのに、早くこの場を離れなくてはいけないのに、このすばらしい展望を1分でも長く見ていたかった。この日から、僕にとってハゲ岩は、奥多摩で最も好きな場所になった。

実はこのとき、飛龍山山頂には立っていなかった。その翌年、1968年3月に雲取山から豪雪の春の飛龍山を往復したときも、ハゲ岩をめざしていて、山頂へのこだわりはなかった。奥多摩の登山では当時、その山で最も展望がよく、雰囲気のよい場所を目的地にして、必ずしも山頂や三角点にはこだわらない傾向があり、ガイドブックでも「特に展望はなく篤志家以外、山頂に向かう者は少ない」と書かれている程度だった。その山頂に立ったのは、それから3年後、71年の春だった。三条の湯にテントを張って権現谷、三条沢、御岳《みたけ》沢などの飛龍山の後山《うしろやま》川流域の穏やかな沢を毎日遡行した最後の日、ワラジに地下足袋で2000m付近から現われたザラメ雪を踏み抜きながら山頂をめざした。山頂にはカマボコ板のような小さな「飛龍山山頂」の標識と、三角点がコケの中に埋もれていた。

コメツガを中心とした原生林と分厚いコケ、北側斜面に硬い真っ赤な蕾をつけたシャクナゲ。確かにまったく展望はなかった。しかし標高2069m。さらに地形図で確認できる三角点の西にある小高い場所は2077m。雲取山より60mも高い、奥多摩屈指の山頂がそこにあった。飛龍山山頂に立ったころ、僕の登山の志向にははっきりとした、ほかの登山者とは違う何かが生まれていた。森林限界を越えた剝き出しの山稜や、上昇志向をくすぐる登攀以上に、コケや倒木が敷かれた重厚な原生林に「本物の山」を見つけ始めていた。それを実感したのが、まさに、飛龍山だったかもしれない。

飛龍山もまた、多摩川水源地帯にふさわしい、すばらしい谷をその懐に抱えている。三条の湯からの後山川の穏やかな谷は明るく美しい。だが、多摩川本流に注ぐ青梅街道の対岸にナメトロ淵の看板が掲げられて極端なゴルジュになって注ぐ小常木《こつねぎ》谷、火打石《ひうちいし》谷は、いずれも登攀性の高い厳しい谷で、多摩川水系屈指の困難さがある。多摩川本流・一《いち》ノ瀬《せ》川に注ぐ大常木谷は、多摩川水系で唯一、堰堤も植林も伐採の痕跡もない太古のままのみごとな谷で、上部で東側の枝沢に入ればハゲ岩の直下に登り着く。いずれも、技術を磨き、いつかは訪れてほしい谷だ。

飛龍山は埼玉側・秩父荒川水源方面では大洞《おおぼら》山と呼ばれる。荒川五大源流の一つ、将監峠付近を水源とする大洞川を生み出した山だからだ。しかし現在、埼玉側（北面）に一般的な登山者が歩行できる登山道は皆無だ。登山地図を見ても、実線も破線も道の記号は一切ない。荒沢《あらさわ》谷、井戸沢、椹《さわら》谷、栂《つが》ノ沢……黒々とし、ツルツルに磨かれたゴルジュが巨大な滝を秘めながら流下する谷が、力のある遡行者によって遡られているだけだ。

不遇という言葉がある。「才能があるのに、世に認められないこと」だ。雲取山よりも高い標高をもち、巨大な山容を誇る飛龍山は、訪れる登山者の数では「東京都唯一の2000m峰」「日本百名山」として大人気な雲取山の100分の1にも満たない。飛龍山は、美しく重厚な、そして不遇の山だ。

19
章

山の中に暮らした人々

「確か、この辺りだったはずだ……」。昼も過ぎていて、あまり時間がなかったが、僕は、かつてそこにあったはずの住居の痕跡を捜した。奥武蔵の矢《や》岳から南に向かい、東京都と埼玉県を分ける尾根に登り着いた後だった。酉谷山《とりだに》近くの日向谷《ひなたさわ》ノ峰《うら》の東側に出て、長沢背稜《ながさわはいりょう》の坊主山（1651m）を少し巻いた先で、うろうろと周囲を捜しまわっていた。この地を初めて訪れた1970年代初頭にはカヤが目立つ明るい広場があり、ヤカンや壊れた陶器が散らばっていて、人の住んでいた名残があった。「ここに集落があったのかなぁ」。造林小屋とは違う、生活の匂いをその場に感じた。

その日は三ツドッケ下から横《よこ》スズ尾根を駆け下り、日原《にっぱら》の集落に下山した。日原小学校（その後、廃校）の運動会の打ち上げが行なわれており、大人たちの宴会に招き入れられた。坊主山の生活の痕跡について尋ねると「あぁ、まだ何かあったかね。あれは以前、あの場所に3つの家族が住みついて、周りのカヤで炭俵を作って生活していた跡だな」と教えられた。周囲に無尽蔵にあったカヤを編んで炭俵を作り、日原に下ろす仕事をする家が3軒あったが、奥多摩湖建設のための水源地調査があり、山林の不法占有とみなされて立ち退かされたのだという。「昔は、日原の奥にはそんな小屋や、小さな家がいくらでもあったもんだ」

この話は当時の僕を刺激した。標高1600mを超える山上。畑などは当然作れないだろう。小さな子どももいた3軒の家族の生活はどんなだったのだろうか。ランプがあったそうだ。水は北側の小さな沢から引いて使っていたという。そして、当時は日当たりがよかったらしい。僕が訪れたころはカヤのほかに広葉樹が繁茂していて、その後、カラマツが目立つようになり、さらにそれから50年近い歳月が流れた現在では、広い茅原はまったくなくなった。今、坊主山周辺には、雲取《くもとり》山から長沢山、酉谷山を経る縦走路以外に登山道は存在しないが、北側・埼玉県側には大久保谷や川浦《かわうら》谷からの歩道、県境の尾根の北側をたどる不明瞭な道、矢岳から来る踏み跡が集まり、昔はちょっとした交差点だった。

半世紀前までは奥多摩の山のあちこちで、山ひだの陰にそっと暮らす人々がいた。その後も山の奥深くに生活する人々がいる。誰もが忘れ去る前に、奥多摩の山里と、そこに生きた人を追ってみることにした。

現在も人が暮らす奥多摩の集落のうち、最も標高が高いのは将監《しょうげん》峠の下にある三ノ瀬（一ノ瀬高原）だ。現在の住所では山梨県甲州市（旧塩山《えんざん》市）になる。この地に人が住みついたのは武田信玄の時代。その財政を支えていた大菩薩《だいぼさつ》・黒川山の黒川金山が廃鉱となり（徳川時代に再興し、その後、再び閉山）、そのとき、逃れたり移り住んだりしたのが最初だったようだ。標高の低い場所から順番に、一ノ瀬、二ノ瀬、三ノ瀬と、多摩川水源・一之瀬川周辺に集落がある。黒川谷ほどではないが、一ノ瀬地区でも金が採掘され、龍喰谷《りゅうばみ》右岸には現在も金の精錬場の跡が残る。

　一ノ瀬地区は、青梅街道が走る多摩川のもう一つの源流。柳沢川沿いのメインルートからは藤尾山（天狗棚《てんぐだな》山）で隔てられた、完全な隠れ里だ。塩山駅から週末だけ運行されるバスの終点・落合からは、犬切《いぬきり》峠越えの道がある。

　一ノ瀬地区の森の大部分は東京都水源林として手厚く保護・育成されている。青梅街道の犬切峠入口に東京都水道局水源管理事務所がある。この集落の現在の第一の仕事は水源林の管理だ。ただ、僕が荒川水系大洞《おおぼら》川井戸沢を遡行して、初めて三ノ瀬に下り着いた１９７０年代末期は、一ノ瀬地区最大の産業は民宿経営だった。最盛期には10軒を超える民宿があった。当時大流行のテニスコートをつくり、シラカバ林の中に点在する民宿がにぎわっていたのを思い出す。現在、民宿は将監峠登山口の「みはらし」が１軒だけ、標高１２８０ｍの地で営業する。宿の前からは正面に藤尾山から犬切峠、石保戸《いしやすど》山が明るく眺められる。８年ほど前までは近くに小学校分校があり、子どもの声も聞こえたが、それも廃校となり、少しずつ、確実に廃屋が増えている。みはらしの主人・田辺みどりさんも、冬場は塩山の家族の家に下りてしまう。

　奥多摩の東京都側には奥多摩湖の最北端上の峰谷《みねだに》のさらに上部には「奥《おく》」と「峰《みね》」の２つの集落がある。奥は、鷹《たか》ノ巣《す》山の南側に延びる浅間《せんげん》尾根の途中にある集落で、最も上の住居は９３０ｍ。４軒の家が点々とあり、そこから峰谷に向けて旧道（歩道）と車道のそれぞれの横に10軒を超える人家がある。一方、鷹ノ巣山と七ツ石山との間の、千本ツツジから南へと延びる赤指《あかざす》尾根の東にある峰は、標高８６０ｍ。

東京都が建てたシカの食肉加工工場があり、新しい家屋も数軒あって、にぎわいを少し感じさせてくれる集落だ。

奥も峰も、産業の中心だった林業と共に、多くの沢でワサビを作っていた。茂窪《もくぼ》谷、坊主谷、奥入《おくいり》沢などには延々と石垣が積まれ、春には白い花をいっぱいにつけたみごとなワサビ田が広がっていた。奥地の沢から少しずつ耕作が放棄され、強固な石垣だけを残してなくなっていっても、峰の奥地や、峰谷の車道の脇には、みごとに整備されたワサビ田が残る。シカの食害から守るために有刺鉄線で囲まれ、かつては人の足で登り下りした急斜面には自動昇降機が設置されて、ワサビ田仕事はだいぶ変わったが、この峰谷の奥の2つの集落には、頑固に山里の暮らしを守る人々の姿がある。ワサビ作りのほかに、増えに増えたシカなどの有害獣対策としての食肉加工場などもある。これらの集落には、南東に開けた明るい地形と共に、訪れるたび、希望を感じさせる何かがあるのだ。

多摩川水系の山里と比べて、もともと歴史が古く、独特の文化をもつ秋川上流の里。島嶼を除き、東京都で唯一の「村」である檜原《ひのはら》村は、その中心地である本宿《もとしゅく》で秋川が南北に分かれる。

南秋川は笹《ささ》尾根を隔てて神奈川、山梨を流れる鶴《つる》川上流の集落と強い結びつきがあり、そのままでは読めない独特の地名がある。笛吹と書いて「うずひき」、人里が「へんぼり」、事貫が「ことずら」と、当惑するような難しい地名も、何となく人々を惹きつける。北秋川の最も奥にあるのが茗荷平《みょうがだいら》。標高860mの地に5軒の家があった。現在では、西東京バスの終点・藤倉から風張《かざはり》峠へと向かう風張林道から離れた孤立した場所だが、70年代までは藤倉から風張峠を越えて奥多摩湖南岸の岫沢《くきざわ》まで小型バイク程度なら通れる道があり、茗荷平にも道が通じていた。藤倉に近い倉掛や、御前《ごぜん》山の湯久保尾根の下にあった湯久保、猿江《さるえ》、沢又《さわまた》の集落は、小河内《おごうち》峠を越える峠道沿いに数軒ずつが点在していた。これらの多くは荒廃したが、昔のにぎわいを想像させる山里だ。

昔の秋川流域の集落は、やはり林業を基本の産業としていた。現在でも林業再生のチャレンジは行なわれているものの、木材価格の低迷という決定的な事態に、明るい展望はなかなか開けない。多摩川に比べ秋川は穏やかで、周辺も何となく明るく親しみやすさを感じさせる。東京をはじめ、首都圏に住む者が訪れやすい雰囲気をもっている。ただ、秋川上流の集落の多くで、懸命に拓いたはずのわずかな農地を老齢の単身者が放棄している。ここも南に開け、ほとんどの家々が太陽の恵みを受ける地で、かつて祖先が見つけ出した明るい平坦地を懸命に維持してきた場所であることを、訪れた者は強く感じるのだ。

運動会の打ち上げに集まっていた日原の人々の多くは、日原川の上流でワサビ田を営んでいた。なかに黒沢さんという人がいて、唐松橋横の檜尾小屋を拠点に、七ツ石山から流れ出すマミ谷で広大なワサビ田を耕作していると話してくれた。当時、雲取山の下・長沢谷手前まで日原林道が建設され、半日がかりで歩くしかなかった唐松橋まで1時間かからずに軽トラックで行けるようになった、と話していた。

現在、日原川本流の上部でワサビ田を営む人は、一人も、本当に一人もいなくなってしまった。林道を建設し、自然林を、建築木材を産出するスギやヒノキ林に変え、人々の仕事も生活も楽になるかに見えて、そのあたりが山里の荒廃の始まりだったように思う。かつて少しの憧れを持ちながら聞いた坊主山東の茅原に住んでいた人々の姿が、奥多摩の山里と重なって見える。

半世紀前の奥多摩では、山ひだの奥に隠れた里にも、元気のよい子どもたちの姿が見えた。住居だけでなく、ワサビ小屋、造林小屋にも人影があった。夜に山腹を見ると「あんな場所にも」と思う山中にも点々と生活の明かりがあった。それがなくなり、山々には漆黒の闇と、不思議な静寂が広がっている。

20章

端正な三角錐の御前山

晩秋、もう11月も半ば近い快晴の日、１０００ｍを超える小河内《おごうち》峠の東側にある防火帯の木々は、わずかに葉を残していたが、数日前の木枯らしで大部分は丸裸になり、見晴らしがよくなっていた。小河内峠から御前《ごぜん》山に向かっていたが、惣岳《そうがく》山を越えた辺りからカラマツが目立つようになる。御前山山頂はみごとに黄一色に染まって、針のようなカラマツの葉がハラハラと地面に落ちていた。それは黄葉などという言葉では表わせない、まさに金色と言っていい絢爛たる色彩だった。

奥多摩の山では紅葉は10月中旬から見られ、１０００ｍ前後では10月下旬が見頃となる。平年では11月上旬には紅葉した葉は少なくなるが、明るさのなかに色とりどりの葉が美しく、奥多摩の紅葉を観賞するには、このころが最適だと思っていた。だが、その年は冬の訪れが早く、何回かの木枯らしで木々の多くは落葉してしまっていた。紅葉の最後、山々を飾るのはモミジの朱と、カラマツの金だ。この年のカラマツは、長い間、奥多摩の秋を体験してきた僕にとって、最も美しい黄葉だったと思う。

御前山は標高１４０５ｍ。日の出山から御岳《みたけ》山を経て、大岳《おおだけ》山へと続く奥多摩主脈の真ん中にある。主脈はさらに小河内峠から月夜見《つきよみ》山、三頭《みとう》山へと続き、鶴《つる》峠で大菩薩《だいぼさつ》へと向かう。奥多摩主脈は、標高こそ雲取《くもとり》山石《いし》尾根、長沢背稜《ながさわはいりょう》に及ばないものの、奥多摩のど真ん中を走る背骨のような存在だ。

奥多摩のなかで最も山名を特定しやすい、真ん中が突き出た独特の山容の大岳山、重厚な原生林で知られる最高峰の三頭山と合わせ、奥多摩三山と呼ばれるようになったのはいつからなのか。その中核、御前山は端正な三角錐の優れた山容が際立つ。

古いガイドブックや戦前の案内を見ると、御前山は北面を中心に茅原に覆われ、南面には広葉樹が広がり、明るい山頂だったことがわかる。とすると、現在、山頂付近を覆うカラマツは、その後に人工的に植えられたもののようだ。僕が知る限りでは、御前山は大きく環境が変わった山の一つだ。

初めて御前山を訪れたのは1967年5月3日だった。青梅街道の境《さかい》橋から栃寄《とちより》沢沿いを行く登山道は、標高差は大きいものの、最も短時間で登れるコースだと思われた。途中、水量が少なく迫力には欠けるが、「栃寄ノ大滝」を見て感激した。背後の六《む》ツ石《いし》山付近の尾根が大きく高く、「あれと同じ高さまで登る」ことに緊張した。山頂の東側に出るはずが、どこかで仕事道と登山道を間違えたらしく、西側の明るい広葉樹林を登りきり、惣岳山付近に出た。地形図を出して「山頂の反対側に出た」「いや、そんなことはないはずだ」と言い合ったのを覚えている。通りがかりの登山者に尋ねて、やっと山頂に立てたのはうれしかった。

この御前山は目標の山だった。奥多摩で最初に登った大岳山で、西へと続く山々の展望に感動したとき、隣の、どう見ても大岳山よりも高い、美しい山容のこの山に憧れて、当時の最終目標・雲取山に向かう前に、なんとしても登ってみたい山になっていたのだ。ちょっとした道間違いはあったものの、中学生になって少しは体力もつき、標高差1000mを超える行程をバテずに登れたこともうれしかった。

下調べで、山頂東側の避難小屋脇に「水」マークを見つけていたので、昼食は飯ごうでご飯を炊き、カレーを作った。チョロチョロのか細い湧水を大きな葉で集水して溜め、落ちていた枝を拾い、焚き火を起こしたのだ。食べ終わるまでに2時間近くかかったこと、火力調整なんか知らなくて、燃えるに任せてご飯を炊き、おこげがひどかったこと、野菜だけのカレーが意外にうまかったことを思い出す。

昼食に時間をかけすぎ、曇天だった空が怪しくなってきたので、大岳山とのコルである大ダワから岩がゴロゴロした赤井沢を駆け下りた。みずみずしい渓谷美の神戸《かのと》岩へと下った記憶が残る。

このころ、御前山はカタクリの山として知られていた。4月中旬、中腹から上では、あちこちにピンクのカタクリが咲いていた。最初にカタクリに出あったのは、奥多摩湖から大ブナ尾根を登ったときだった。雪が消えた尾根筋で、サス沢《さわ》山を過ぎ、名前のとおりの大きなブナに感動しながら登っていたとき、足元に見つけた大きなカタクリはみごとだった。奥多摩のほかの山ではポツンポツンと咲いていることが多かったが、大ブナ尾根のカタクリは、地面が見えないほどに一面に咲き広がり、雪国の雪解け後に咲く花のように色も濃く、大きかったように思う。

数が減りだしたのは30年前ごろからだろうか。最初はカタクリを目当てに訪れた登山者が踏み荒らしたせいだとか、写真撮影の人が野放図に登山道を外れて歩き回ったせいだ、とか言われていたが、そんなレベルではない規模でカタクリの数は減っていった。理由の一つはシカの食害。カタクリはうす甘い春の食味があり、地方によってはおひたしにされる。弱い毒をもち、大量に食べると胃腸障害を起こすが、シカはおかまいなしに食べる。もう一つ、聞き捨てならないのが温暖化だ。カタクリは地中温度が23℃を超えると、少しずつ死滅していくという。現在、北側斜面にはわずかに花を見るが、南面ではほとんど姿を消している。もし温暖化の影響だとしたら、再生は簡単ではないだろう。

2度目に御前山を訪れたのは、5月に小河内峠から御前山に立ち、湯久保《ゆくぼ》尾根を北秋川の小沢《おざわ》へと下山したときだった。春には珍しい、空の澄んだ快晴の一日で、奥多摩湖畔から深い緑の峠道を歩いて、乾いた風の吹き抜ける小河内峠に立った。春の陽光を全身に浴びながら、背後に広がる雲取山や大菩薩を筆頭とする展望を堪能しながら、明るく広々とした防火帯を登った。

この小河内峠から奥多摩主脈を東へと向かうルートでは、最初は広葉樹が日立つ。1160mの「ソウヤノ丸《まる》デッコ」と呼ばれる小ピークに立ち、大ブナ尾根の合流する惣岳山に登り着き、小さく下った後に御前山に登頂する。御前山に登るルートのなかでは最も明るく、大好きな道だ。防火帯があっても左右は木々に覆われているが、小さな丘のようなソウヤノ丸デッコでは随一の展望が開ける。この不思議な名前……何がソウヤノなのか、何が丸デッコなのか、多くの本をひっくり返して調べても出てこない。ただ、いかにも「丸デッコ」と呼びたくなる草の広場は、山頂そのものは大展望とは言いがたい御前山にあって、一番の展望台と言えるだろう。大好きだったこのルートも、小河内峠付近にヒノキが植えられ、強い風と明るい陽光に歓迎されたかつての稜線の雰囲気はすでにない。

このとき下山にとった湯久保尾根も、すばらしい稜線歩きだった。その大部分が茅原の連続で、爽やかな風が吹いていて、太陽に照らされ初夏を思わせるなかを有頂天になって歩いた。前方には、浅《せん》間《げん》尾根や笹《ささ》尾根、その背後に丹沢《たんざわ》の山々がのどかに見えていた。東には立ちはだかるように大岳山が大きい。モーテ山を越え、湯久保山は巻き道をとらずにカヤをこいで山頂に立ち、仏岩《ほとけいわ》ノ頭《あたま》にも登った。この山頂も一面のカヤト。そして、そこに白いペンキで塗られた腰くらいの高さの小さなプレートを見つけた。「十五歳で死んだ少女の思い出に」……この明るい丘のような小さな山頂にメモリアルを建てたのは、どんな気持ちだったのだろう、と思う。当時、僕は中学2年。ひどく感傷的になったのを思い出す。

ここからは広葉樹の森、最後は杉林となって、多摩川より穏やかな北秋川の集落に下った。多摩川水系から秋川水系へ、吹く風も日の光もどこか違うのを感じた山行だった。

その後、御前山の周辺にも開発の波が押し寄せる。最初の訪問のときに下山した大ダワは、奥多摩駅付近と神戸《かのと》岩の間でコンクリート舗装も混じる林道が建設された。檜原最奥の数馬《かずま》から風張峠《かざはり》、月夜見山の山頂をかすめて、奥多摩湖畔へと走る周遊道路が同じ70年代に開通し、バイクが爆音をたてて疾走する。そして、茅原だった明るい場所は、70年代までに植林によって様相を一変させた。吹き抜ける風と陽光の中に小さな墓標が立っていた仏岩ノ頭も、暗いヒノキの植林の中にある。湯久保尾根は明るかっただけに、その単調な木々の下の道が寂しくてしょうがない。

北秋川から登る支流の小滝と釜が楽しい湯久保沢、下部に大きな釜の連続する水《み》ノ戸《と》沢、最後に石灰岩の峭壁がある惣角沢、多摩川から登るシダクラ沢なども、沢筋は昔のままだが、両岸はいずれも植林になってしまった。

均整のとれた、美しい御前山の山容は変わらない。奥多摩主脈の中核の山は、その山容に憧れて、周囲が大きく変わったとしても、変わらない何かを探して登り続けたい山だ。

21章

個性の際立つ高水三山

高水三山《たかみずさんざん》の一部を初めて歩いたのは、1967年の大晦日の深夜、棒《ぼう》ノ折《おれ》山で初日の出を見るために、アプローチとして登ったときだった。夜の山の闇におびえ、速足で息を弾ませながら、予想もしなかった東京の迫力ある夜景と、満天の星の下を高水山から岩茸石《いわたけいし》山へとたどった強烈な体験だった。日付は元日となっていたが、岩茸石山から3つめの山・惣岳《そうがく》山には向かわずに、尾根を北へ、棒ノ折山へと向かった。

高水三山をすべて歩ききったのは、その年の春休みだった。このときは、当時まだ30代だった母を連れていった。青梅《おうめ》線を軍畑《いくさばた》駅で降りて、のどかな平溝《ひらみぞ》川沿いの道を歩いた。小さな川にアヒルが飼われていたり、民家の庭にサクラとウメが一緒に咲いていたり、明るさいっぱいの楽しい道だ。舗装道路はやがて高源寺という大きなお寺の横で土の道になり、登りにかかるが、民家の庭先やユズの畑の中を歩く道はしばらく続き、最後に養魚場を営む民家の前で本格的な登山道が始まる。

このときの高水三山は、丸一日、明るい晴天の中にあった。春休みを利用して都心から来たらしい、同い年くらいの十数人の野球少年グループと、最初から最後まで前後して歩いた。彼らは携帯ラジオを大音量で鳴らし、甲子園での高校野球の決勝戦を聴きながら、試合が動くたびに歓声を上げてにぎ

やかだった。ほかにも高校生のワンゲル部員がいて、あちこちから若い歓声が聞こえていたのを思い出す。

杉林の急坂を登りきり、明瞭な尾根に飛び出した。尾根の西側は人工林がきれいに伐採された後で、これからたどる高水三山が一つ一つまったく違う表情を見せながら、整然と並んでいるのが見えた。風の弱い、暖かい春の中をゆったりと歩いて、爽やかな御岳《みたけ》渓谷の遊歩道を御嶽《みたけ》駅へと歩ききった。現在は89歳になり、わが家の階下に住む母との、最初で最後の登山らしい登山が、この春の日だった。

高水三山は、奥多摩の入口の山だ。この山を最後に、奥多摩の山脈は青梅丘陵に入り、東京多摩地区の住宅地へと沈み込んでいく。

多摩川水源地帯の２０００ｍ級の山々の連なりから、雲取《くもとり》山で東京都に入り、長沢背稜《ながさわはいりょう》から酉谷《とりだに》山、三ツドッケ、蕎麦粒《そばつぶ》山と続き、日向沢《ひなたさわ》ノ峰《うら》で川苔《かわのり》山への尾根を分け、棒ノ折山から小さなピークをいくつか越えると、高水三山最高峰の岩茸石山へとたどり着く。奥多摩という大きな山塊の末端に、締めくくりのように連なる山として、この三山は小さな主張をもっている。

敗戦前には「高水三山」という呼称はなかったようだ。頂上直下に常福院《じょうふくいん》という大きな寺院を擁し、東側の東京方面の市街地と、御岳山から大岳《おおだけ》山にかけての展望に優れた高水山。７９３ｍと三山で最も高く、明るい広葉樹の道が山頂へと続く岩茸石山。鬱蒼とした杉林に囲まれて展望はなく、青渭《あおい》神社の大きな社殿が鎮座する惣岳山。この三つの山は確かに尾根でつながり、一塊の山々であることは間違いないけれど、それぞれの山は、まったく違う表情と雰囲気をもっている。しかし、一つ一つの山を単独で訪れる人はまれで、高水三山として縦走するのが通常の歩き方だ。ゆったりと歩いて4時間弱。奥多摩の入口の山であると同時に、奥多摩で最初に訪れる人が多いことでも「入口」の山となっている。

高水山の常福院《じょうふくいん》は、今でこそ普段は人の気配はないものの、初めて訪れたころは、ただの山寺ではなく「都民観光の家」として宿泊施設があり、大晦日に夜道を登ったときには、境内に巨大な篝火が勢いよくパチパチと燃えていた。現在でも4月上旬には「獅子舞」が行なわれる現役のお寺なのだ。現在の建物は焼失したのを再建したものだそうだが、もともとは鎌倉時代には存在した古刹だ。不動尊の前に立って、見上げる屋根の下に刻まれた古い龍の彫り物なども風格があり、歴史ある寺院であるのがわかる。

春の初めの「やまあるき」の第一歩として訪れることが多く、芽吹き前の頂上直下の斜面に、ポツンポツンと春の訪れを知らせるカタクリを見つけて歓声を上げることもある。山頂には無粋な巨大電波塔が立っているが、その下からは青梅方面の市街地を眺めることができ、里へと続く高水山の位置が感じられる。多摩川を挟んで、日の出山や宿坊の立ち並ぶ御岳山、大岳山もすぐ近くに見える。

この高水山から岩茸石山へと向かう道が、高水三山で最も山らしい場所だ。南側はスギを中心とした植林だが、北側は広葉樹の明るい斜面が続き、奥武蔵の日和田《ひわだ》山周辺から根《ね》ノ権現《ごんげん》、竹寺《たけでら》、大持《おおもち》山から武甲《ぶこう》山の穏やかな連なりの上に浅間山が見えたりする。初めて歩いた大晦日の深夜、人家の明かりの向こうに、光の絨緞《じゅうたん》のような首都圏の大夜景が広がっていたのが忘れられない。岩茸石山の南面の巻き道を分けると、岩まじりの急斜面に変わる。かつてはヤブが視界を妨げていたが、最近伐採され、背後には越えてきた高水山の後ろに大きく東京・埼玉の街並みが広がる。そして、明るく切り開かれた山頂に立つ。

岩茸石山は北西、東に大きな展望が広がるが、特に川苔山の背後に雲取山が黒々とそびえるのが印象的だ。奥多摩の地形を立体的に思い描ける人なら、大きな雲取山からの尾根が、たくさんのすてきな山を連ねながら、この800mに満たない山頂まで延びていることに心が弾む思いがするだろう。20代の初夏、一人で雲取山を4時前に歩きだし、この岩茸石山に夕刻に着き、高水山から榎峠《えのき》、青梅丘陵と歩いて、疲労困憊して青梅駅にたどり着いた。連続する尾根を奥多摩の末端まで歩いた、密かな達成感を思い出す。

岩茸石山からの下りは岩まじりの急峻な斜面で、少し緊張する。下りきると尾根は緩やかな上下を繰り返し、スギ、ヒノキが目立つようになる。西側を見下ろすと川井駅から大丹波《おおたば》川に沿って集落がある。この尾根の人工林は、僕が知る50年近い間でも、何度も植林と伐採が繰り返され、訪れるたびに雰囲気が大きく変わるところだ。それだけ、まだ林業が産業として営まれている場所といえる。

かつては苗木を植え、下草を刈り、下枝を丁寧に落とし、10年に一度大規模な間伐を行ない、おおむね30年目に木材として出荷するのが林業だった。それがまだ行なわれているのが、高水三山の周辺だ。50年以上前に初めて訪れたとき、平溝の山里から急斜面を登り、高水山への尾根に登り着いた場所は風の抜ける伐採地だった。点々と植えられた苗木の上に大きな展望があった。今、その場所は木々が伸び、鬱蒼とした杉林だ。今、惣岳山の手前が伐採の真っ最中で、平溝川方向の大沢に向けて、伐採した木々をワイヤーで搬出している。高水山の北側の下にある成木《なりき》地区の人が言っていたが「昔はスギやヒノキを何十年もかけて育てて伐り出せば、子どもを育てて学校に行かせ、大人にするだけの充分な稼ぎになった。今は、森を維持するのも精いっぱいだ」と。林業が産業として厳しくても、それでも「森を維持している」姿が高水三山にはある。

穏やかだった道は、いきなり岩場で前方を塞がれる。手足を使ってこの岩を登り、傾斜が落ちると立派な社殿の前に立つ。ここが惣岳山山頂だ。この山頂は大きなスギ、ヒノキに囲まれている。展望はなく、独特の静けさが支配する。山頂の社殿は青渭神社。ここでも、みごとな龍の彫り物が見られる。

惣岳山の下りは、人工林の中にジグザグ道が延々と続く。途中、送電線の下から御岳山のケーブルカーの線路が正面に見える箇所以外は、ひたすら下り続ける。そして、青梅街道を走るバイクの音と、多摩川・御岳渓谷の渓流の音が聞こえるようになり、青梅線の線路を越えると、この小さいようで、なかなか手ごたえのある縦走が終わる。

高水三山は、朝、ゆっくりと歩き出しても、山のよさをたっぷりと味わいながら歩ききれる手軽さがある。一方で、三山のいずれも山頂前後の傾斜が強く、山頂に登り着いたときには小さな達成感がある。尾根から樹間を見れば、カラフルな人家の屋根が見え隠れし、手が届きそうな近さで山麓の暮らしが見える。それなのに美しい木々があり、山上ならではの展望があり、何よりも奥多摩らしい潤いに満ちた雰囲気がある。

最高峰でも８００ｍに満たない高水三山は、僕にとっては晩秋から春にかけて歩きたい山だ。北側斜面で予想しなかった雪の名残に驚き、ホウの葉の堆積を蹴散らしてにぎやかな音を聞き、大気の澄んだ季節ならではの展望を味わう。奥多摩最後の高まりであり、奥多摩の入口ともいえる山だ。奥多摩の山を知りたい人、これから奥多摩を歩きたい人に最初に訪れてほしい山、それが高水三山だ。

22章 最奥の展望台 ハナド岩

最初はFMラジオの音楽番組を大きな音でかけているのかと思った。秋も終わりに近く、金色のカラマツの黄葉以外は多くが落葉し、斜光が縦走路を明るく照らし、夕暮れの気配が漂い始めていた。遠くからかすかに音楽が聞こえてくる。「あぁ、これはフルートの音色だ」とわかるようになったのは滝上《たきうえ》谷の水源の上付近をトラバースし始めたころだった。音色に誘われるように歩き、そして指導標から入ること二十数メートルの所で大きく視界が広がり、ハナド岩の上に出た。

そこには長身の男性登山者がいた。一人だった。長髪だった。小さなザックを傍らに置き、ツイード地のニッカーズボンをはいていたので登山者だとわかった。日原《にっぱら》川支流の小川谷に突き出したようなハナド岩の先端に立ち、前方の山や谷に聞かせるようにフルートを吹いていた。何かの曲というよりは、メロディのいくつかを組み合わせて音そのものを楽しむかのような吹き方だった。僕の姿を認めても、驚く様子もなく吹き続けた。

「鷹ノ巣山の横に富士山が見えてますよ」。男性がフルートを脇に置いて静かに語りかけてきた。確かに、赤く染まった石尾根の上に白い頭だけ出したかわいい富士山が見えていた。もう日没が迫っていた。快晴だった空は赤く焼けていた。この絶景をフルートの音色とともにもう少し味わいたかった

が、湿った地下足袋に冷たさを感じながら、当時できたばかりの一杯水《いっぱいみず》避難小屋をめざして歩き出した。
ハナド岩は一杯水避難小屋から西へ2000m弱の距離で、大栗山とハンギョウノ頭の中間にある。入口に「三ツドッケ」と「酉谷《とりだに》山・雲取《くもとり》山」を示す指導標はあるものの、ハナド岩入口の正規の記載はなく、薄く油性ペンで「ハナド岩（展望あり）」と書かれているだけだ。最初に訪れた中学生のときには、ハナド岩の存在は知っていたのに、場所がわからずに通過。高校生になって雲取山からの縦走で訪れたときは、濃い霧でなにも見えなかった。そして、1982年の秋も終わりに近く、木枯らしの吹く11月中旬。本当のハナド岩の絶景と出会えるときがやってきたのだった。

今思うと不思議だった。おそらく宿泊の用具を持っていなかった男性。日没が迫っていた。あの後、全力で駆け下りても最短距離の東日原の最終バスには間に合わない。ただ一心不乱に、あの大きく広がった山と谷に向けてフルートを吹きたかったのだろう。その切々とした気持ちが伝わってきたので、それからの予定など尋ねなかったのだ。

この不思議な、フルートを吹く男性と出会ったのは、今ではその出合が秩父市の浦山ダムに水没してしまい、遡行不可能になった秩父の浦山川大久保谷を遡行したときだった。奥武蔵の地味な沢登りに付き合ってくれる仲間はおらず、一人の寂しい遡行だった。秩父鉄道の浦山口駅から、バスも通る山里の道をたどり、浦山川を渡り、放棄された大久保という集落の先から谷に降りた。

白水社の『日本登山体系』以外に資料はなく、滝の記号も少なく、たいした谷ではない、とたかをくくっていたら、ナメ滝が連続し、桃ノ木滝、鎌倉滝と単独行では怖くて登れないような大きな滝もあって、人臭さのまったくない迫力ある沢だった。もう沢を歩く季節ではなく、源流では小さな流れに氷が張り付いて、ワラジをつけた地下足袋の足が冷たく痛かった。落ち葉の積もったスズタケ交じりの斜面を攀じ登り、坊主山と七跳山《ななはね》とのコルで、その日、初めての太陽の光の中に飛び出した。そして、この長沢背稜《ながさわはいりょう》の道を一杯水へと足早に歩き出した。

長沢背稜の東部、酉谷山と三ツドッケを結ぶこの尾根は、もともとは水道局の巡視路であり、小川谷支流の多くの谷の水源に丁寧に木橋を架けて越えている。大きな上り下りは少なく、静けさと森の美しさが際立つ、奥多摩で最も奥まった印象がある場所だ。雲取山から長沢背稜を歩くルートは、2011年3月11日の東北地方太平洋沖地震により日原鍾乳洞奥の小川谷林道（車道）が通行止めになったために、酉谷沿いの登山道や七跳尾根の歩道も実質的に通行できなくなった。奥多摩で最も不遇といってよいこの長大な尾根を訪れる者の姿はさらに少なくなった。酉谷山下から三ツドッケ下まで急ぎ足で約2時間、1550mから1700m程度と、奥多摩では石尾根と並ぶ標高の高い尾根が続く。

日原川最大の支流・小川谷は、多摩川水系で遡行対象となる沢を最も多く擁する谷だ。酉谷山の西から流れ出す「上っ滝」「下っ滝」を筆頭に、雄壮な滝を秘めた滝谷。坊主山から左俣を、七跳山から右俣を合わせ、小滝を連ねた割谷。そしてモリの窪《くぼ》瀑流帯という多くの滝を連ね、下部に奥多摩最大の三段50mのタツマの滝をもつ犬麦谷《いぬむぎ》。さらに三ツドッケ付近を水源とするカロー谷など、左右から次々に名渓が注ぐ。車道としての小川谷林道が建設される前、小川谷右岸を巧みにトラバースして付けられた、本来の小川谷林道（現在では「下段歩道」と呼ばれる）は、滝谷と悪谷とが小川谷本流の西谷に合流する三又からカロー谷出合上まで、尾根の先端を回り、沢を渡り、大きな上下を上手に避け、滝谷上、犬麦谷などへのアプローチとなる緑豊かなすばらしい道だった。

犬麦谷とカロー谷の間にあるこの滝上谷は大小30本以上の滝を抱え、自然林の中を流れ落ちる。なぜか不遇の存在で、沢登り全盛の時代にも、沢登りルート図集から無視されていた。滝上谷を遡行したのは82年から数年後の初秋。まだ夏の気配が残る暑い日だった。早い段階で四段15mほどの大小屋ノ滝を直登して、頭から大量の水をかぶり、ずぶ濡れになって次々と滝を越えていった。水源近くになって垂直に近い滝が現われだし、それを機に、小さな尾根を上へと向かった。当時はGPSなんて持っていないから、地形図とコンパスを使い、めざす場所へと見当をつけ、スズタケを押し分けて進んだ。やがて行く手を脆い壁に阻まれる。落石に気をつけて、しまっていたザイルを再び出し、灌木にランナーを取りながら、40mザイルいっぱい近くで、僕は、ポッと明るい場所に飛び出した。

間違いなく、あのハナド岩の上だった。固定したザイルにフリクションヒッチをつけて、仲間も次々と登り着いた。あの、晩秋の乾いた晴天のような冴えた展望ではなかったが、暗い谷底を這いずり回ってきた目にはまぶしい展望だった。真下に滝上谷の切れ込みや遡行開始地点の小川谷林道の車道が見える。右に犬麦谷、左にカロー谷、対岸には滝谷や鳥居谷も見える。そして、当時は踏み跡も不明瞭だった大きなタワ尾根が正面にあり、その後ろには尖った美しい三角錐の鷹ノ巣山を筆頭に、石尾根が横たわっていた。いちばん感動するルートであり、この景色を最も堪能できる沢からハナド岩に立ったことがあらためてうれしかった。

ハナド岩のハナとは「出っ端」「尾根端」などのハナで、ドは場所を意味する方言だという。

滝上谷は、出合からハナド岩の上まで直線距離で2000m前後、580mの標高差をもつ急峻な切れ込みだ。犬麦谷、カロー谷もほぼ同様の傾斜をもつ。ハナド岩から小川谷を見下ろせば、奈落の底に向かう鋭い切れ込みのようにも感じられる。谷を見下ろしながら大声で叫ぶと、声がこだまになって楽しかった。あの晩秋のフルートもまた、この場所ならではの音響効果により、奏者自身も予想しなかったすばらしい音色になったに違いない。

この小川谷と対岸のタワ尾根にはそれぞれ、水道局の水源林巡視とワサビ田の仕事道を兼ねた歩道が走る。左岸には古くからの下段歩道、七跳尾根の下部から犬麦谷と滝上谷の中間を経て、カロー谷の滝前窪の下を通る中段歩道、そして現在の縦走路である上段歩道がそれだ。1998年の真夏、日原鍾乳洞付近に土砂崩れを起こした豪雨の際は滝上谷を遡行中で、この中段林道から尾根に逃げて、カロー谷出合へと無事に下降したことがあった。巡視路、仕事道とは、合理的な「山の仕事」のためのものであると同時に、時には脱出路にもなったはずだ。

ハナド岩は岩峰でもなければピークももたない展望台だ。地形図には露岩記号もない。その東に天目山、秩父側では三ツドッケと呼ばれるカラマツと広葉樹の明るい山頂がある。ドッケとは尖った峰の意味をもつ。南側・奥多摩の山からは2つの山頂しか見えないが、北側からは明瞭に3つの尖峰がきれいに並ぶのが見える。小川谷、ハナド岩、三ツドッケは、東日原から横スズ尾根をたどれば日帰りで往復可能だが、奥多摩でも最奥の位置するため、縦走途中に立ち寄るのは容易ではない。それだけに、明るい眺めとは裏腹に、遠い、静かな独特の雰囲気をもっている。

23章

日本初の縦走路　笹尾根

雑誌『山と溪谷』や、山と溪谷社の社名の元となった田部重治《たなべじゅうじ》の名著『山と溪谷』。日本登山の黎明期、まだ「登山のために山へ入る」ことが世間に認知されておらず、「山に分け入る」のは、山仕事としての林業や炭焼き、猟師、谷における職漁師だけだった時代に、奥多摩、秩父、奥秩父から北アルプスに至るまで「登山」をした最初の記録であり紀行文である。日本登山界に登場した、極めて初期の山岳文学の書だ。

この田部が、先輩格である木暮理太郎《こぐれりたろう》と挑んだのが、奥高尾山稜の小仏《こぼとけ》峠から景信《かげのぶ》山、陣馬《じんば》山を越えて、和田峠から奥多摩に入り、長駆、三頭《みとう》山をめざした登山だった。彼らは三頭山までは届かず、現在の山梨県上野原市の鶴《つる》川上流の郷原に下山し、さらに鶴峠を越えて多摩川水系の川野に向かい、そこから雲取《くもとり》山に登頂するという、壮大な山行を敢行している。時は1909年。今から約110年前のことだった。

まだ近代登山は始まったばかりで、一つ一つの山頂を極めることは行なわれ始めていたが、山頂から山頂へとつなぎ、峠を越え、山麓を結ぶ縦走登山は行なわれていなかった。ある意味、この登山は「日本における最初の縦走登山」だったかもしれない。

この登山の記録は『山と溪谷』の「甲武国境と多摩川と雲取山」という紀行に詳細に書かれている。この当時、現代の僕たちが登山の基本的資料とする国土地理院発行の地形図はなく、その元となる陸地測量部の地図がこの世に登場するのも、もう少し後のことである。そのため、『甲斐国史』『多摩郡村史』などの文献を読み、ある程度の予測を立てたうえで行なわれた登山だった。この「甲武国境……」では、景信山から浅間《せんげん》峠を過ぎた辺りで山中に1泊している。翌朝、さらに進んだ時点で「私達の辿っている尾根が、やがては三頭山に連なる事が、進むにつれ明らかになって来た」と書かれているが、奥多摩の一角において、未知の世界へ挑む本来の冒険としての登山が行なわれていたことに、驚きと感動を覚える。

この紀行文からは、木暮には登山経験があったが、田部はおそらく本格的な登山自体、初体験だったことが読み取れる。

このすばらしい冒険大縦走が行なわれたのが、奥多摩主脈の最高峰である三頭山と高尾山を結ぶ甲武相《こうぶそう》国境尾根と呼ばれる尾根だ。甲は山梨、武は東京、そして相は神奈川である。三頭山から高尾山まで実に42㎞。累積標高差は奥多摩主脈縦走よりは小さいものの、登山道が整備された現在でさえ、速足で歩いても12時間近くかかる。広葉樹とスギ、ヒノキの人工林と、かつてのカヤト跡が広がる、明るい雰囲気をもった美しい山脈だ。

この甲武相国境尾根の浅間峠と三頭山の間を笹《ささ》尾根と呼ぶ。浅間峠と三国《さんごく》峠道が越える連行峰《れんぎょう》の間は、1000m前後の傾斜の強い小ピークが五峰連続して林立し、遠くから見ると峻険な印象を受けるが（10章参照）、三頭山の1531mの山頂から、歩行2時間程度で標高1100mの西原峠《さいはら》に下降し、浅間峠までは1000m前後を穏やかに上下する。やせた箇所をほとんどもたない、幅の広いドッシリとした稜線が続く。

笹尾根の上をたどる登山道は古くから刻まれていたが、以前は、この尾根を横断し、鶴川上流から秋川上流へと越える峠道が多く利用され、峠越えの道のほうがはっきりしていた。かつて、日ノ出山から御岳山《みたけ》、大岳山《おおだけ》、御前山《ごぜん》、三頭山と奥多摩主脈を縦走し、甲武相国境尾根を高尾山まで歩ききるカモシカ山行と呼ばれる長時間歩行の山行（現在の日本山岳耐久レースの古いタイプの登山。ただし競争ではなく、あくまでも個人の登山だった）を行なった際には、日付が変わり、この尾根を深夜に歩いた。ヘッドランプの乏しい明かりに、何回も峠越えの里道に迷い込んでは尾根に引き返したのを思い出す。

笹尾根周辺は、秋川上流の数馬《かずま》が700m前後、鶴川上流の郷原《ごうはら》が650m程度で、尾根上との標高差は400m程度しかなく、すぐ下に山里がのどかに広がっているのが見える。どの集落からも、笹尾根上まで1時間半前後で到達できる峠道が通っている。

鶴川上流の郷原と、秋川上流の数馬大平や仲ノ平を結ぶ西原峠（古い資料では郡内峠の呼称もある）、田和《たわ》と数馬仲ノ平をつなぐ田和峠（現在、秋川側は荒廃）、芦瀬《あしせ》から笛吹《うずひき》へと越える笛吹峠、小棡《こゆずり》と笛吹を結ぶ小棡峠、日原《ひはら》と和田を結ぶ日原峠、猪丸《いのまる》と上川乗《かみかわのり》を結ぶ浅間峠などは、現在でも明瞭な峠越えの道が通っている。そのほかにも、小さな峠で笹ヶタワのように鶴川側だけ道が残っている峠や、古い資料にはあっても現在は跡形もない峠道など、無数の峠があった。

1960年代末までは、これらの峠道は実際に人々が行き来して、物資が頻繁に越えていたようだ。特に、鶴川上流、秋川上流では明治以降、絹や絹糸が盛んに生産され、繭や蚕、そして絹糸が峠を越えた。炭、塩ばかりでなく、南秋川の笹平《ささだいら》付近に残るヨメトリ坂のように、婚姻に伴う人の交流も含めて、峠は人や物資が頻繁に行き来する交流の場だったはずだ。

現在でも、鶴川上流の郷原から秋川上流の数馬へ公共交通機関で行くには、バスでJR中央本線上野原駅まで出て、電車で立川に行き、青梅線から五日市線に乗り換えて武蔵五日市駅で下車し、バスで数馬まで、半日以上かかってしまう。山慣れた者なら3時間弱で行くことのできる峠越えは、最近まで身近な移動の方法だったはずだ。

起伏が少なく、山上に広々とした地形をもつ笹尾根は、その尾根自体が生活を支える重要な場所であった。ここ20年ほどの間に広葉樹が繁茂し、かつてのような一面のカヤトは少なくなっても、40年ほど前までは、茅葺き屋根の材料だったカヤを得る場として、明るい展望とともに随所に美しい茅原が広がりを見せていた。今でも、峠道を少し下れば炭焼き窯の跡が点々と残っている。「甲武国境……」の中でも、田部、木暮の二人が尾根上で道を見失い、雨に降られたとき、山中で炭焼きの人と出会い、道を尋ね、郷原に下降している。峠を通勤路に、山の中で仕事をする人は多くいたはずだ。

笹尾根から三頭山へとつないで歩く人も多い。また、西原峠から浅間峠までの、最も落ち着いた笹尾根らしい部分だけを歩く人も少なくない。南向きで日当たりがよく、明るい郷原を後にして、畑の中から人工林を抜け、広葉樹が目立つ道を登っていけば、背後には権現山が大きく東西に横たわる。古くから歩かれていたらしく、丁寧にジグザグが切ってある峠道は、急坂が極めて少ない。晩秋や初冬なら、分厚く積もった落ち葉をガサガサと蹴散らす音が周囲に響き渡るだろう。そして権現山の肩の上に、頭だけ出した富士山が見えてくる。その上半分が大きく見えれば、もう、西原峠は近い。眼下には郷原の集落が箱庭のように望め、耳を澄ませば人の生活する音まで聞こえてくる。笹尾根の縦走は、西原峠から始まる。

笹尾根、甲武相国境尾根の縦走は、「ここからここまで」と明確に決めて歩かなくても楽しめる。笹ヶタワノ峰、丸山、土俵《どひょう》岳などの目立つピークはあるものの、そのすべては丸みを帯びた穏やかな山頂で、優れた展望はあっても「やった！ 山頂だ！」という雰囲気の場所ではない。むしろ、南北に風が吹き抜ける峠の存在が、そこを越えた人々の思いを伝える。峠には石仏や馬頭観音、古い石碑などが点在する。

笹尾根は、山梨、東京、神奈川を分ける重要な位置にあり、その下に点在する山里同士の結びつきを考えても、稜線を越えて車道が建設されそうなものだが、浅間峠下に甲武トンネルと呼ばれる2車線の道路が90年に造られた以外、少なくとも見た目の上では道路建設などの破壊が一切行なわれていない。笹尾根を歩けば、南面に造られたゴルフ場以外には、田部が見た山々と大きくは変わらない静かな眺めを堪能することができる。これは、ある意味で奇跡といってもよい。

笹尾根を歩くなら、紅葉の終わりころから新緑に覆われる前までが美しい。北に三頭山から大岳山のキツネ色の山々。その背後に多摩川北岸から雲取山、飛龍山《ひりゅう》。南に権現山、麻生山《あそう》の後ろに富士山と丹沢が、乾いた空気の下にキラキラと光って見えるはずだ。

山里の人々の行き交う峠道が通り、山村の生活の場でもあった場所を舞台に、近代登山の新しい形態である「縦走登山」が試みられた笹尾根。わずかな文献と絵地図程度を資料として、当時は主流だった山麓の案内人を乞う方法を取ることなく、自らの意志のみを糧に「登山」に踏み出した田部。その第一歩となった穏やかな笹尾根で、その足跡を感じてほしい。

24章

消えた歩道と、車道の開発

登山の対象として、誰もが奥多摩を訪れることができるようになったのはいつごろだろうか。開拓期の登山者たちは「二俣尾《ふたまたお》駅から歩き出す」「御嶽《みたけ》駅から夜を徹して日原《にっぱら》に向かった」などの記録を残している。1894年に青梅線が立川〜青梅間で開業し、1929年に御嶽駅まで延伸されたころには、青梅線を利用した登山の記録が頻繁に見られるようになった。そして、敗戦目前の44年、青梅線は奥多摩駅（当時は氷川《ひかわ》駅）まで造られ、完成した。この延伸の背景には、奥多摩の石灰石をセメント資材として利用するという、戦時体制の事情があるかもしれない。

僕が初めて氷川駅前に降り立ったのは、66年10月の晴れた日曜だった。氷川駅前には登山者が大勢いて、各方面へのバスは登山者を満員まで詰め込んで次々に出発していった。ラーメンの屋台や、おにぎりを売る店にも行列ができていた。喧騒から逃れるように青梅街道を西に向かい、大岳《おおだけ》山の西の大《おお》ダワに向かう道に入って、ようやく一息つけた。春や秋の晴れた週末には、同じような光景が繰り返し見られた。

敗戦から20年以上たった当時は、生活に追われるばかりではなく、登山に代表される文化的な活動が本格的に人々に定着しだしていた。僕はその時代に奥多摩と出会ったことになる。列車運行の安定

化が、丹沢《たんざわ》、谷川岳のような人気の山を生み出した時代だった。

あれから50年以上が経過し、奥多摩の山はどう変わったのだろう。山里の人々の生活を支える森では、炭を焼き、薪炭を運び出し、カヤトの原から茅葺き屋根の材料を伐り出し、ワサビ田を作り……という生活が大きく変化させられた。また、広葉樹を伐り、建築用材となるスギ、ヒノキに転換したものの、木材価格の低迷により必ずしもうまく行かなくなったことは、すでに記してきた。ここでは「道」から奥多摩の変化を追ってみたい。

奥多摩で「林道」といえば、本来は森林関係者や、水道局水源管理の人々が森を歩き、作業を行なうための歩道を指した。川苔《かわのり》山の川乗谷林道、雲取《くもとり》山の大ダワ林道、唐松《からまつ》谷林道などが代表例で、危険箇所を避け、厳しい急斜面はジグザグにして、歩きやすい道が造られた。登山者にとっても安全で便利な道は、登山道としても使われるようになっていった。一方、大規模な森林作業、堰堤工事などを目的に、車道・道路としての林道も数多く造られるようになる。

早い段階から車道林道が建設されたのは日原方面だった。川乗谷林道は60年代には百尋《ひゃくひろ》ノ滝付近まで建設され、さらに川苔山踊《おどり》平《だいら》の下をトンネルで抜け、奥武蔵の有馬《ありま》山方面の車道と合流した。70年代に大きな崩落が起きたが、現在は一般車両を通行止めにし、川乗橋と奥武蔵を結んでいる。

日原川は日原鍾乳洞下で小川谷と日原川本流に分かれるが、その双方で本格的な車道林道の開削が始まったのは60年代後期だった。小川谷右岸には小川谷林道（歩道）が刻まれていた。カロー谷出合から小川谷が生まれる三又まで無数の谷を渡り、左岸のカロー谷、滝上谷、犬《いぬ》麦《むぎ》谷やその左右の尾根に刻まれた尾根の歩道を結ぶ、動脈のような歩道だった。70年代中期、この下部に完成する小川谷車道林道が谷左岸にガッチリと刻まれて、周囲の様相を一変させた。この車道林道が小川谷上流へと向かう唯一の道となり、旧道はほとんど通行不能なまでに荒廃した。２０１１年の東北地方太平洋沖地震の後、鍾乳洞付近の巨大岩壁が不安定になり、この車道林道も歩行者も含め長期通行止めとなった。そして小川谷を挟んだタワ尾根や、東京都・埼玉県境尾根に刻まれた網の目のような歩道・仕事道の多くは消え去り、残った道には動力で動くレール型のリフトが建設され、高齢になり歩くのがつらくなったシカ駆除のハンターを運んだりしている。かつて長沢背稜《ながさわはいりょう》を歩いた僕は、緑濃く、潤いに満ちた小川谷林道をたどることを期待していて、犬麦谷付近の工事の発破の音とサイレンに度肝を抜かしたことを思い出す。このころから、小川谷周辺から登山者の姿が減ってゆく。

日原から雲取山・天祖《てんそ》山への登山道は、孫惣《まぐそ》谷出合先から現在の天祖山表参道に取り付き、ハタゴヤから天祖山に向かう道と、雲取山に向かう道に分かれていた。雲取山への道は、日原川本流左岸を緩やかにトラバースして、大ブナ別れで大ダワ林道（雲取山・三峰コースの大ダワに向かう）と、唐松谷林道（石尾根のブナ坂に向かう）に分かれ、唐松谷林道からさらに富田《とみた》新道（小雲取山に向かう）が分岐していた。大ダワ林道から仙人尾根道、権衛《ごんえ》尾根道が野陣《のじん》尾根に分岐し、いずれの道も70年代初頭まで踏み跡が残っていた。

大ダワ林道は穏やかな道だ。大雲取谷の幽玄な渓谷を見下ろしながら、美しい原生林の中を雲取山へと向かう登山道だったが、クマザサの壊滅で土壌の流出と登山道崩壊が続き、転落事故も起き、廃道となった。仙人尾根、権衛尾根の踏み跡も消えた。

日原川上流へと向かう車道林道は、70年代後期に長沢谷出合まで延びたため、徒渉が続く美しい日原川本流は大きく姿を変えた。同時に、森林巡視やワサビ田の仕事に利用されてきた唐松谷出合の檜《ひのき》尾《お》小屋、名栗《なぐり》沢出合の名栗小屋なども取り壊されてしまった。

数多くの車道建設のなかで、奥多摩に最も大きな影響を与えたのは、南秋川上流の最後の集落・数《かず》馬《ま》から風張《かざはり》峠、月夜見《つきよみ》山付近を通り、奥多摩湖南岸へと、2車線の舗装路が建設された奥多摩周遊道路だろう。小河内《おごうち》峠から月夜見山を越えて風張峠までの間は、奥多摩主脈の山々のなかでは登山者が少なく、茅原と広葉樹の森が続く、静かで美しい尾根だった。月夜見山は山頂付近が明るい茅原で、そのすてきな名前に憧れて、1968年の秋の満月の夜に煌々たる月明かりの下、シュラフとマットだけで泊まったときの興奮は忘れられない。それだけに、ここに車道が造られ、スギやヒノキが植林され、まったく違う山のようになってしまったときのショックは強かった。今では「月夜見駐車場」となり、バイクの疾走する場となってしまった。

周遊道路の完成は73年。併せて三頭《みとう》山の広大な広葉樹の原生林に「都民の森」が、奥多摩湖畔には「山のふるさと村」が造られ、周囲の雰囲気は一変した。この道路は極めて短期間で完成し、別の山のようになってしまった。

奥多摩主脈は御岳《みたけ》山から大岳《おおだけ》山、御前《ごぜん》山、三頭山へと人気の山頂を結ぶすばらしい尾根で、中学・高校生の登山グループの最初のテント縦走の場としてもよく知られていた。春の週末には、キスリングザックの列が新緑の中に続いていた光景が忘れられない。前後して主脈には大岳山、御前山の間の大ダワにも車道が建設されて、縦走しても2カ所で車道に出合う残念な事態となり、「奥多摩主脈縦走」という登山形式は、ほぼなくなった。

秋川上流を見ると、浅間尾根の数馬分岐の西側に北秋川と南秋川を結ぶ車道が、南秋川の支流・小《こ》坂《ざか》志《し》川、矢沢にも車道林道が造られ、遠くから眺めると尾根筋そのものは昔の姿を保っているものの、車道が深く侵食しているのがわかる。

奥多摩のなかで車道建設の影響が最も少ないのは、多摩川水源地帯の山と谷かもしれない。青梅街道から一ノ瀬高原へと向かう犬切《いぬきり》峠道の車道、一之瀬川沿いの車道が造られたものの、決定的な破壊はなく、水源の森らしい姿を留めているのはうれしい。

奥多摩には70年代初頭まで谷という谷に作られていたワサビ田への道があった。僕が最初に日原川へと向かったのは、日原川上流へと向かう林道が中途の名栗沢付近まで建設されたころだった。大ブナ別れ手前の登山道で、大量のワサビを背負子で運ぶ男性と出会った。長い距離を運ぶので、ところどころで沢の水をワサビにかけるのだと笑いながら言っていたのが忘れられない。

奥多摩の歩道・登山道とともに、多くの場所に造林小屋、ワサビ小屋が点在していた。現在、登山者が利用する山小屋となっている将監《しょうげん》峠の将監小屋、笠取《かさとり》山の笠取小屋なども、もともとは水道局の水源管理の小屋として建てられたものだ。また、炭焼きのように長時間にわたる作業が必要な場所にも、必ず小さな小屋掛けがあった。奥多摩の山と谷には、登山者だけでなく、山仕事の人が暮らし、歩いてきた長い歴史があり、それを支えていたのが「道」だったといえる。

奥多摩は、車道の建設と、登山道・歩道の縮小と統合により、大きく姿を変えてしまった。それでも、ほかの首都圏の山々と比べ、森と谷は決定的な破壊をこうむってはいない。車道建設の多くが、高度経済成長と列島改造の時代の産物だったと、今になって思う。首都圏の登山を志した者の多くが最初に踏み込む奥多摩の山々が、緑の潤いを失わないことを心から願う。

思い出深い写真たち

中学生時代に行なった奥多摩登山の写真を、古いアルバムからピックアップした。

初めての、積雪期の雲取山の避難小屋滞在登山。雪や寒さへの不安が、キスリングザックをどんどん膨らませた。やせっぽちの貧弱な体に、30kg近い巨大な荷物がのしかかる。ブナ坂からの登り

日向ではドロがぬかるんでいるくせに、木立の中は膝を没する積雪。春の奥多摩の典型的な雪道を歩き続けて、周囲はすでに夕方の気配。雲取山山頂への最後の登りで、座り込んだまま動けずにいた。小雲取山直下の休憩

飛龍山手前の北天のタル。この年は雪が多く、三条ダルミから狼平まで、ずっとワカンを履きっぱなしだった。この当時、積雪期はスパッツではなく、オーバーシューズを履く習慣があった

建て替えられるはるか以前の雲取山山頂避難小屋。お金のない中学生、高校生の登山者たちの溜まり場だった。暗く、狭く、石油臭い小屋でも、朝晩の光景と、東京でいちばん高い所にいる充実感は最高だった

奥多摩湖畔から御前山をめざす途中、小河内峠に登り着く瞬間の写真。新緑の季節が終わり、濃緑で暗く感じるほどの北側斜面から見上げた先に、ポッカリと窓が開いたように峠が見えていた

川苔山、川乗谷逆川の10m幅広の滝へ直登する前にルートを必死で探す。
口から心臓が飛び出すほどの緊張で、ガタガタとミシンを踏みながら、
それでも「初めての沢登り」で直登した。足元は白足袋にワラジ

25章

天平尾根と竿裏峠

天平尾根と書いて「デンデイロ」と読み、竿裏峠と書いて「サヲラ」と読む。山の地名の読み方には難しいものが多いが、この二つは丹波山《たばやま》村周辺でも、読みにくさでは筆頭に挙げられるだろう。

多摩川水源地帯の不遇の名峰・飛龍《ひりゅう》山から南東へ、奥多摩湖のバックウォーターにあたる親川《おやかわ》付近まで延びる長大なミサカ尾根の、竿裏峠から下を天平尾根と呼び、名称の上では区別している。ミサカ尾根の一部と言ってしまえばそれまでだが、かつては稜線上に広大な草原がどこまでも続いていた。おそらく奥多摩随一と言える規模の広場を所々に展開し、独特の雰囲気をかもしだす。この竿裏峠と天平尾根だけを歩く登山者もいる。

初めてこの天平尾根を見たとき、人の手で山の上に広大な広場を作ったのかと思った。炎天下の雲《くも》取《とり》山に向かう石《いし》尾根のブナ坂を過ぎたとき、南側を見下ろすと天平尾根はあった。疲れ切っているうえ、先を急ぐ登山中だったが、地形図を取り出して確認した。「テンピョウ尾根か？　涼しくなったら行ってみたいな」と、強く印象に残る尾根だった。

その2カ月後、飛龍山へと向かう最初の取り付きとして、僕は天平尾根を登った。明け方に青梅《おうめ》街道沿いの親川集落から取り付き、濃いガスの中を黙々と歩いて通過した。本当はこの尾根そのものを

楽しみたかったが、鴨沢《かもさわ》から親川、天平尾根、ミサカ尾根、飛龍山ハゲ岩、雲取山と一日でこなす予定だったので、急ぎ足で歩き抜けた印象が強い。あの憧れの山上の広場にも、濃いガスの中で無限の広がりは感じたが、その本当の姿を見ることはできなかった。「この尾根だけのために、もう一度ゆっくり歩きに来よう」。そう思いながら通過したのだった。

それから3年、高校生になった5月の日曜日、僕は奥多摩駅から始発のバスに乗り、丹波山へと向かった。登山に適した季節の貴重な休日なのに、丹波山のバス停で降りたのは僕一人だった。曇り空だったが、春にはめずらしく空気の澄んだ、見晴らしの利く一日だった。

丹波山のバス終点の近くから畑の中の登山道を歩いた。斜面に作られた畑の作業道と併用なのか、なかなか高度が稼げない。少しずつ高度を上げていくと、大きくどっしりとした鹿倉《ししくら》山が背後に現われた。当時、雲取山山腹の三条《さんじょう》の湯に向かう登山者の多くがこの竿裏峠を越していたようで、道はしっかりしていて登りやすかった。松林から広葉樹の森を延々と登り続けて、やがて明るい草原の中に刻まれたジグザグの道に変わっていった。

もう、いいかげん登り続けるのも嫌になったころ、空が開けてきた。曇り空だが明るかった。傾斜が落ち、小広い峠に登り着いた。親川からの天平尾根道、飛龍山へと向かうミサカ尾根への道、そして峠を越えて三条の湯へと向かう道が十字路になった、いかにも峠らしい独特の雰囲気を放っている。

この当時から峠の上の標識は「竿裏峠」「サヲラ峠」「サオラ峠」とさまざまな表記があり、小さな看板には「立てかけた竿の裏側を登るような急峻な登りの末に立つところから、竿裏峠と呼ばれている」と記されていた。

現在では、登山地図や丹波山村の登山口の表記も「サオラ峠」と表わされていて、これが主流となりつつあるが、当時は「竿裏」が主流だったように思う。山麓の丹波山荘、民宿「山水館」の人たちからは、「いろんな読み方があり、『サオリ峠』や『サヨラ峠』と呼ぶ者も少なくない」と教えられた。

峠は、風の吹き抜ける気持ちのよい場所だった。峠には小さな、でも威厳のある社があり、その横に大きな木がご神木のように立っている。北側は巨樹が林立して展望はないが、南側はカラマツの幼木が植林されていたものの草原状で、当時は遮るものもないみごとな展望が広がっていた。大菩薩《だいぼさつ》の北面、特に黒川山・鶏冠《けいかん》山の複雑で独特な山容が、妙にカーンと冴えて見えていた。

竿裏峠に立っただけでもそれなりに満足だったが、本当の目的は、あの山上の広場を見ることだった。急速に広がりだした広葉樹の明るい尾根を東へと歩き出した。緩やかに登ると、尾根はますます幅を広げた。どこが尾根の背なのかわからないほどの広がりだ。そして緩やかに下りだし、丘のような高まりの上下を繰り返すうちに、いつの間にか草原へと変わっていった。

その草原に、点々と人がいた。何だろう？　半分近くが子ども……しかも小学生、中学生くらいの年頃だ。そして半分は大人だった。誰もいないと思っていた天平尾根で、30人近い人々が何かを一生懸命に採っていた。立ち止まって見ていると、比較的若い男性が話しかけてきた。それによると、子どもたちは丹波山村の小中学生で、大人はその親だった。当時は無尽蔵とも思われるほど生えていたワラビを、5月の休日に学校総出で天平尾根に登って採り、担ぎ下ろす。それを販売して、学校の設備の充実や備品購入にあてるための年中行事だと教えてくれた。その人は学校の先生だったのだろう。竹籠にたくさんワラビを入れ、担ぎ下ろす、いかにも山の中の学校らしい行事だ。

登山をしに来た高校生の僕にとっては、学校のために登ってきてワラビ採りをする子どもと親の姿は、ちょっと立派で、自分が少し恥ずかしかった。このワラビ採りは年に一度の、つらいばかりではない楽しいイベントでもあったことを、丹波山の人から後に聞かされた。

彼らから離れて、おそらく丹波天平《たばでんでいろ》(地形図の1343m付近)と呼ばれる最も広い草原にたどり着いた。北側の木々が小さくなり、重厚な展望が広がっていた。雲取山から飛龍山にかけての2000mを超える黒々とした稜線が、山ひだの一つ一つを見せながらどっしりと横たわる。腰を下ろし、誰一人いない静寂の天平尾根を見渡した。おそらくこの辺りが、石尾根から見た際の最も大きな広場だったのだろう。来てよかった……と改めて思った。

この広場の先で丹波山への道を分けると、尾根は少しずつ標高を下げながら、明るい草原と広葉樹の森を交互に見せてくれる。再び尾根の幅がさらに広がる。シラカバの木が草原に立ち、高原のような独特の景色が続く。踏み跡はか細く、何本もあり、尾根の真ん中を意識して歩いても、ルートを外していないか気になるような道だった。おそらく、広さでは丹波天平を上回る……。ただ点々と木々が立つ単調な草原ではなく、丹波天平とも違う雰囲気の保之瀬天平にたどり着いた。

広すぎる稜線は、少しずつ尾根の形を整えだして、森の中を急激に下るようになる。まだまだ山の中だったのに、突然、人家が現われる。最初に訪れたときにも驚いた後山《うしろやま》の集落だ。家はまだあったが、人影はなかった。さらに急激に下ると、急斜面に張り付くような高畑の集落があった。ここでは若い人の姿も見られた。ここからは急斜面にジグザグに道が付けられ、道幅も広がり、下り続ける。車の音が聞こえ、青梅街道が現われ、竿裏峠から天平尾根への訪問は終わった。

草原は、本当に大草原だった。今、ボロボロの山行記録ノートを読み返すと、草原の広がりと、丹波山の子どもたちのことばかり書いてある。ただ、このときのことを冷静に思い返すと、草原では点々とカラマツやヒノキの植林が始まっていた。これがその後、この明るい草原の尾根を大きく変えていってしまうとは、当時はまったく想像もしなかった。これが、天平尾根を歩くことだけを目的にたどった、最初で最後の経験だった。

あれから50年近い年月が流れて、竿裏峠と天平尾根は大きな変貌を遂げた。山そのものは変わっていない。丹波天平も保之瀬天平も、広大な平坦地であることは同じだ。

その後、膝程度の高さしかなかった幼木は大きく成長した。竿裏峠は通う人が減ったためか、峠道は所々で崩れ、細くなり、かつての古い峠道は少し荒れてしまった。峠の南面の風の通う道も、今は植林が伸びて爽快な展望はなく、木々の中の静かな峠になった。そして何より、広大な草原の緑が失われ、裸の土の広場と化した時期もあった。ワラビ採りの行事もついえたらしく、また、春の天平尾根でワラビやヤマウド等は見なくなった。植林が伸び、草原が減って、道に迷うこともないだろう。天平尾根は昔とはまったく変わってしまったけれど、山上の広がりを実感させる独特の雰囲気は随所に残っている。

後山の集落は、所々に石垣の跡を残して人家はなくなってしまった。急斜面に張り出すような家が数軒あったが、一段下の高畑の集落には、今も何軒か家の形を残している。人の影はまったく見えなくなってしまったが。

今でも七ツ石山を越えて雲取山に登り、三条ダルミに至る尾根の上から見下ろせば、急激に傾斜を落としたミサカ尾根が天平尾根となり、山の上に茫洋とした草原が広がる風景は登山者の目を惹く。草原は少なくなり、木々が伸びても、当時とはまた別の長閑《のどか》な雰囲気が、天平尾根には残っている。

26章

芋ノ木ドッケと二軒小屋尾根

東京西部の多摩地区から奥多摩の山々を見たとき、最も奥にそびえる雲取山《くもとり》の右側に、双耳峰のように大きくそびえる山が芋《いも》ノ木《き》ドッケだ。この山の名称には「芋ノ木」が正しいのか「芋木ノ」が正しいのか、昔は論争されたようだが、今ではほとんどの表記は「芋ノ木」ドッケとなっている。ドッケとは「尖った峰」を意味する。

この山頂に初めて立ったのは、雲取山から長沢背稜《ながさわはいりょう》へと向かう途中だった。よく整備された登山道である三峰《みつみね》神社と雲取山を結ぶルートから入った踏み跡のような道は、急にか細くなり、岩まじりの急斜面を、木の根を頼りによじ登っていく厳しいものだった。登り着いたのは、東西に長い、どこが最高点なのかわからないような、いかにも不遇な山頂だった。展望もなく、東京都第2位の標高の山とはちょっと信じられない場所だった。このときは山頂ではろくに休みもせず、そそくさと通過してしまった。

少年のころ、雲取山山頂の避難小屋に1週間近く滞在する機会があり、展望がある夕暮れ時、夕食をとりながら静かに山々を眺めるという貴重な時間を持ったことがある。地図を片手に、山名を一つ一つ特定し、谷を探し……を続けていた。

雲取山山頂の東側、足元に食い込む日原《にっぱら》川を囲む山々。特に、独立峰のように黒々と大きな山容を見せる天祖《てんそ》山の手前に、長々と、そして広々とした尾根が堂々と続いている。地形図で確認すると、芋ノ木ドッケから末端と思われる長沢谷と日原川との合流点まで直線距離で３km以上。奥多摩屈指の尾根であることがわかった。名前は二軒小屋《にけんごや》尾根。当時の日原川上流の山々はスズタケと呼ばれる背丈を越すササに覆われていて、その長大な姿を見ても、スズタケとの格闘が想像され、「登ってみたい」とは思えなかった。しかし、その長さと幅のある姿は、強く印象に残った。

奥多摩には、遭難した猟師や職漁師の名前が地名として残されたところがある。前《まえ》飛龍《ひりゅう》から流れる火打石《ひうちいし》谷の「春吉廻しの沢」などもそんな場所だ。この二軒小屋尾根と天祖山に挟まれた長沢谷の大春《おおはる》地獄、長沢谷支流の日陰谷のゴルジュで岩魚釣り師が悲惨な遭難をした延吉《えんきち》地獄などの記録は、地誌として古いガイドブックで詳細に伝えられていた。

１９７０年代の後期、僕は長沢谷出合にいた。沢登りには珍しく単独だった。大春地獄の現場を見たかったのと、極端なゴルジュがあるといわれる日陰谷、そしてその場所が遭難現場となったという延吉地獄を越えてみたかった。東京都随一の、そして唯一の原生林といわれた日原川の最上流の一角である長沢谷の遡行は、最初は潤いに満ちたものだった。それが、１時間ほど遡行した箇所で、アッと驚く大伐採の跡に出てしまった。水道水源林である日原川上流で唯一の民有林であった長沢谷流域は、長沢背稜の稜線直下まで丸裸に伐採された後だった。伐採で倒され放置された大小の木々、倒木を越え、ガックリしながら上流に向かう。大春地獄は場所すらわからなかった。地形から日陰谷出合を特定し、伐木、倒木を越えて日陰谷に入った。

日陰谷は無傷だった。極端なゴルジュはあるものの暗い谷ではなく、次々と狭い廊下のような谷の中にかかる小滝を快適に越えるうちに、少しずつ調子を取り戻した。「日陰谷F3」10mこそ、延吉地獄の現場だった。美しい滝だった。一見、登れなそうだが、右の水流沿いに直登できた。上流にも小滝が続き、ヤマツツジの朱の花弁が淵に美しく浮かぶなかを遡行した。

水量が減り、左右からスズタケが沢を覆う。そうなっても、沢は左右に支流を分けながら続いた。コンパスを見ると、左に、つまり南に寄りすぎている感じがする。やがて水流は完全に消えた。いきなり極端な急斜面に密生したスズタケが壁のように立ちはだかる。頭から突っ込むが、弾力あるササの壁は押し返してくる。頭を越すスズタケに一人立ち向かうのは厳しかった。「引き返そうか……」。でも、ゴルジュ帯やF3を下る自信がなかった。

2時間近い苦闘の後、尾根上に出た。かすかな古い伐り開きがあり、スズタケは扱いやすくなった。水源から尾根筋が開けて明るく見えていたので、なんとかなると思ったが甘かった。シラビソが出てきて、だいぶ標高を稼いできたのがわかった。獣道を拾い、次の踏み跡とつなげ、そんなことを繰り返してポンと芋ノ木ドッケの山頂に飛び出した。日陰谷を詰め上げて長沢背稜に登り着くつもりが、二軒小屋尾根に出てしまったことになる。

最初に訪れたときはわびしい山頂だと思った芋ノ木ドッケは、そこを遡行の目標として登り着いてみると、縦走の通過点としてたどったときとは違い、風格ある山頂だと思い直した。周囲を原生林に覆われ、重厚な森に囲まれた、静寂の1946mの山頂だ。遠くから見ると雲取山と双耳峰となって聳える不遇の名峰として認識し直した。

前夜、奥多摩駅のバス停付近のベンチで泊まって向かった長沢谷・日陰谷から芋ノ木ドッケに登り着いたのは、昼をわずかに過ぎた時間だった。芋ノ木ドッケから大ダワに出て、大ダワ林道を下降して長沢谷出合に戻る予定だったのが、なぜか「二軒小屋尾根を下りよう」と思い直した。天気もよさそうだ。まだ時間もある。明瞭な中間部から下は傾斜も緩そうな尾根だ。きちんと地形図とコンパスを見て行けば間違うことは少ないはずだ。行ってみよう！

改めて軍手を着けて、山シャツの袖を軍手に押し込み、肌が出ないようにしてスズタケに備える。急峻な山頂直下の等高線が詰まった部分を、わしづかみにしたスズタケを手がかりに、転げ落ちるように一気に下る。突然、尾根は傾斜を落とし、広がると同時に、二重山稜のような、奥多摩では珍しい独特の地形を見せる。周囲の風景は一変する。スズタケの背丈は低くなり、モミ、シラビソの中にダケカンバが交じる森の中の尾根となった。歩く者がいるらしく、切れぎれに踏み跡が続く。

尾根は所々で広場のようになり、広がった箇所から左右に枝尾根が分岐する。その枝尾根には、長沢谷と大雲取谷とを結ぶ踏み跡が分岐する。大きなブナが出てきて周囲の雰囲気は明るくなっていく。そして1594mの「モミソの頭」に登り返して、二軒小屋尾根の下りは一段落した。

ミズナラの巨木が次々と現われる。そのなかで、とりわけ大きな、一瞬、大きな岩かと思うような巨樹が一本、比類ない大きさで尾根上に座していた。高さよりも、その太さとゴツゴツしたこぶをつけた大きな存在に圧倒された。ここだけは周囲に木々がなく、スズタケも姿を消し、小さな広場となって、沢音も風の音もしない静けさに満ちた場所だった。

尾根は1300mの小ピークまで広々として迷いやすかったが、ゆったりと下り続けることができた。そして最後に、二軒小屋尾根は尾根らしい姿を取り戻して、大ダワ林道を越える小さなコルに出て、長沢谷を越える昔の「二軒小屋徒渉点」へと帰ってきた。森が美しかった。広々とした開放的な尾根だった。「あそこはヤブが深そうで、ちょっとなぁ……」と敬遠してきたものの、いい尾根と出会えてうれしかった。

二軒小屋とは、長沢谷の徒渉点脇に2軒の造林小屋があったことから名づけられたと後に知った。そこには、僕が訪れたころにはしっかりした木橋が架けられ、徒渉点の印象はなかった。東京都西端の、原生林の巨木の森に囲まれた貴重な原始の二軒小屋尾根だった。

日原川上流の大雲取谷沿いに付けられた、雲取山から日原へ向かう登山道のなかで最も歩きやすかった大ダワ林道は、斜面が崩壊し、遭難事故が続いたために廃道となってしまった。日原方面から雲取山に登る、最も好ましい道だった大ダワ林道の復活を願う登山者は多く、その付け替えルートとして二軒小屋尾根が候補として検討されたこともあると聞く。新しい道の開削の困難さから立ち消えになったが、そのころから、二軒小屋尾根を地形図片手に登る人が増えたように思う。

廃道のはずの長沢谷を渡る道には、なぜか橋が新設され、二軒小屋尾根に容易に取り付ける。あんなに壁のように密生していたスズタケはシカの食害で姿を消し、アセビの木が目立つように植生は変わっても、岩かと見まごうミズナラの巨木も、大きなブナが居並ぶ広い場所も、胸を突く急峻なシラビソの最後の急斜面も大きくは変わらない。登る者が目印に残したテープが点々とあり、高度計やGPS、スマホアプリを持った現代の登山者は、視界のある天候の下なら迷うことも少ないはずだ。そして、あのちょっと無愛想な雰囲気を持つ芋ノ木ドッケの山頂に登り着いた達成感は大きい。

日原鍾乳洞のバス停から日原林道（車道）を歩き、大ブナ別れで富田・唐松谷林道を分け、二軒小屋尾根、芋ノ木ドッケ、大ダワと歩く行程は巨樹の道だ。単調にも思える日原林道脇にもトチの巨樹が随所にあり、芋ノ木ドッケから三峰登山道に合流し、大ダワに着けばイチイの巨木が迎えてくれる。奥多摩屈指の原生林のルートがここにある。巨木と静寂を求める人に登ってほしい、二軒小屋尾根と芋ノ木ドッケだ。

27章

蕎麦粒山と仙元峠

蕎麦粒山《そばつぶ》は美しい山だ。川苔山《かわのり》から川乗谷《かわのり》を挟んで間近に見ると、左右対称の二辺を東西に延ばした端正な三角錐の姿を見せている。いったん、この山容を覚えると、奥多摩、奥武蔵のどの山から眺めても蕎麦粒山の場所がわかり、そこから周囲の山を特定することができる。

この蕎麦粒山は、どの登山口からも少し距離があり、最短で登れる鳥屋戸《とりやと》尾根からでも3時間半以上かかる。その上、この尾根は急峻な箇所があって下降には適さないので、他のルートを下降することになり、7時間近い行動時間が必要になる。日帰り登山をするにはぎりぎりの山だ。

この山に初めて登ったのは、北アルプスの正月山行から帰った後で、まだ松の内だったように思う。奥多摩工業の石灰石採掘がすぐ近くで行なわれていたころ（1971年に崩落があり、採掘は中止された）、東日原《ひがしにっぱら》から一人、横スズ尾根の近くまで石灰石採掘の現場の金網が迫る道をジグザグに登っていった。急登が一段落し、滝入ノ峰の東側を巻く手前から雪が現われ、見る見るうちに膝下まで埋まる深さになった。奥多摩には珍しく、吹けば飛ぶような軽い新雪で、グイグイ蹴散らして登っていった。やがて周囲に大きなブナが林立する原生林の中の道となった。おもしろいことに、ウサギの足跡が一筋、丁寧に登山ルートの上に付いていて、他の登山者の気配もない快晴の奥多摩の雪山に山仲間

がいるような楽しさがあった。おそらく前日に降雪があったのだろう、サルナシ、ヤマブドウのつるが真っ白に雪化粧し、日原川の上に白い雲取山が見えていた。

美しいブナの森がカラマツの明るい植林に変わると、ようやく三ツドッケ下の広場に登り着いた。一杯水《いっぱいみず》避難小屋がつくられる前で、山頂に行くかどうか少し悩んだが、先の長さを考え、あきらめて前に進んだ。埼玉・東京の都県境を穏やかに水平に巻いていく道は、仙元《せんげん》峠への登りにかかる。この「峠」は小高いピークで、鞍部を指すことが多い一般的な峠の概念とは違う。山頂には大きな御神木と言っていい巨樹と、小さな、しかし風格のある石祠がある。お参りする人がいるとみえて、お神酒と賽銭も供えられていた。正面には美しい富士山がくっきりと見える。「そうか。仙元とは浅間、つまり富士見の場所なんだ」と、知識はまだ浅いながら納得した。

僕を導いてくれるウサギの足跡は相変わらず点々と続いている。倒木を飛び越え、雪で倒れかかったつる草をくぐり、仙元峠のコルから巻き道があるのに蕎麦粒山の直登ルートへと進んでいく。ブナの森を登ること、わずか。僕はポンと、南東に大きく展望の開けた山頂に立った。標高1473m。三ツドッケより東の奥多摩では標高の高い、突き抜けた山頂だ。山頂には目立つ白い石があり、それが蕎麦粒山の象徴・火打石だった。ここから東の稜線には防火帯が切り開かれ、東側には明るい展望が開けていた。日向沢《ひなたさわ》ノ峰《うら》、棒《ぼう》ノ折《おれ》山、高水《たかみず》三山、川苔山へと四方に尾根が続くのが見える。

広々とした防火帯は桂谷ノ頭、日向沢ノ峰と小さな上下を繰り返しながら続く。踊平《おどりだいら》から川井駅へと下りるつもりだったが、もう川苔山は目の前だ。空にはまだ雲一つなく、強い西風だけが吹き抜けていく。行こう！

ウサギの足跡は途切れることなく、川苔山へと導いてくれる。ここまではフワンワ雪でラッセルは苦にならなかったが、ここから低山独特の湿った重い雪に変わり、すねまで潜る雪の登りがつらかった。さすがに人気の山だけあり、鳩ノ巣駅からのルートにはトレースがある。最後の登りを経て、明るく展望に満ちた夕暮れの川苔山山頂に着いた。振り返れば横スズ尾根が見下ろせ、たどってきた尾根が堂々と続く。やはり、蕎麦粒山の三角錐が抜きんでて目立つ。そして雲取山へと続く尾根もみごとだった。

奥多摩駅始発のバスに乗って早朝から挑んだ蕎麦粒山だったが、冬の日は短く、傾いた太陽が周囲をオレンジ色に染めていた。全力を挙げて雪を蹴散らし、途中から凍りだした泥道を駆け下りた。冬の奥多摩を満喫した一日だった。

その後、この仙元峠は、秩父市浦山と奥多摩・日原を結ぶ、つまり、多摩と秩父を結ぶ重要な峠だったことを知る。さらに「そうか、仙元とは浅間だったのか」と思った富士見の道は、富士山を見る登山や旅の道というだけでなく、古くから北関東の人の富士遥拝で歩かれた道だったことを教えられた。本物の富士山麓まで行くのは大変なので、富士山に信仰心を持つ者は浦山から大日堂を経て、ブナやカツラの巨樹が林立する中を登り、仙元峠に立って初めて、奥多摩の山々の後ろにそびえる美しい富士山と出会う。遠出のできない人、足の弱い人は、ここで富士遥拝をしたのだった。仙元峠は、奥多摩と秩父という違った文化と暮らしを結ぶ「峠」であったが、富士遥拝のためには、鞍部の峠ではなく、神秘的な、展望の得られる仙元峠こそふさわしかったのだろう。

かつて峠は、信仰の道である以上に物資交換の交易の道でもあった。その後、一杯水避難小屋が建設された小広い場所は、なんと、日原の人と秩父浦山の人の荷物の交換の場所だったという。「荷渡し場」という呼び名は、大菩薩《だいぼさつ》峠の奥多摩側、フルコンバ小屋跡の少し上にある。それ以外にも、奥秩父・十文字峠の秩父側の三里観音近くにも、信州（長野）と武州（埼玉）を結ぶ交易の荷物の交換場所があった。

古い文献を調べると、日原から最初の急坂を登り切った辺りには「茶場」と呼ばれる御茶屋さんがあり、滝入ノ峰を回り込んで尾根に戻るコルの上にある広場には「両替場」と呼ばれる場所があり、今でも古銭が見つかることがあるそうだ。

日原から仙元峠を越え、バスの通る浦山・大日堂まで6時間強。その逆も同様の時間がかかる。そのため物資の交換には「荷渡し場」が必要だったのだろう。今では美しい自然林に覆われ、初夏には美しいシロヤシオの白い花のトンネルが続く、遠くて深い山という印象がある仙元峠と蕎麦粒山周辺だが、蕎麦粒山北東の秩父側・広河原谷の上流には、その名を示す一工場谷、二工場谷、三工場谷と呼ばれる穏やかな谷があり、そこには一ノ窯、二ノ窯、三ノ窯という酢酸を製造する工場があって、ちょっとした集落を形成していたという。生活と生産が、山ひだの中で行なわれていたことを知った。

川乗橋先から直接、蕎麦粒山山頂へと向かう鳥屋戸尾根は、横スズ尾根と並んで大きなボリュームをもつ。昔は踏み跡程度しかなく、篤志家のみが歩く道だった。ガイドブックに紹介され始めた頃は、踏み跡が不明瞭であることや、川乗谷から急峻な登りが連続する笙《しょう》ノ岩《いわ》山までの間で、何カ所か足場の悪いルンゼが食い込んでいること等から、熟達者向きのルートとして語られることが多かった。

奥多摩や奥秩父の少しマイナーなコースを歩くことの多い人は、不遇の山頂に「山名」「標高」を記した手彫りの山頂標識を見つけた人もいると思う。山名などを板に彫り込むのではなく、周囲を丁寧に削り取って山名を浮き出させる極めて手の込んだ標識で、薄緑色の針金でひっそりと山頂に付けられた姿は品があって素敵だった。40年ほど前からポツリポツリと見かけるようになり、30年ほど前には増えなくなった。裏に「ＹＵＩ」と控えめに記されていて「ユイさん」なのか、「由井さん」なのかと想像していた。もう更新されることはなく、少しずつ朽ち果てつつあるこの標識に出会えると、奥多摩好きとしては心が弾む。

鳥屋戸尾根では、笙ノ岩山、塩地ノ頭、松岩ノ頭の小さなピークに、この手彫りの標識がかかっている。急峻な緊張の斜面を登りきり、ホッと胸をなでおろし、広がりを持ちだした尾根の展望のルートに、ポツンとある山頂の小さな標識。それは、一つ一つの小さな「山」とも言えない小ピークに、名前の由来と存在理由があることを主張しているかのようだ。

この山域は、長沢背稜の大部分と同様に少し遠く、朝、思い立ってからゆったりと歩けるような山ではない。それだけに他の登山者と出会うことは少なく、スギ、ヒノキの人工林を抜けた後は、奥多摩でも屈指の自然林との出会いが待っている。一杯水周辺のカラマツの植林さえも、ブナの森を抜けてきた目には、春の新緑も秋の紅葉も、自然林のようにすばらしく感じられる。

蕎麦粒山は、山頂から東へと続く都県境尾根が日向沢ノ峰で、南には川苔山・本仁田山へと続く支稜を分け、主稜線は棒ノ折山へと続く。日向沢ノ峰から北に分岐する支稜は、有間山から大持山、武《ぶ》甲《こう》山へと続く奥武蔵の山塊へと続いていく。この蕎麦粒山山頂に立てば、奥多摩と奥武蔵の結びつき、位置関係もわかり、新しいプランが生まれてくる。

奥多摩で木々が最も美しい場所が、蕎麦粒山から仙元峠にかけての山々だ。ブナ、ミズナラに会いに、ぜひ歩いてもらいたい。

28章

穏やかな秋川と、支流の沢登り

秋《あき》川は多摩川最大の支流だ。八王子、あきる野、福生《ふっさ》、昭島《あきしま》の4つの市のちょうど境界が交わる場所で、秋川は多摩川に合流する。合流する地点の上流付近にはヨシなど背の高い植物が生い茂り、野鳥と小動物の天下で、独特の雰囲気をつくり出している。

多摩川は笠取《かさとり》山下の水干《みずひ》の水源から、一ノ瀬川本流、丹波《たば》川本流など随所で奔流、激流を見せながら、鳩《はと》ノ巣《す》渓谷、御岳《みたけ》渓谷と、中流に入っても力強い渓谷美を見せて流れている。また、もう一つの支流である日原《にっぱら》川も、水源から、奥多摩町氷川《ひかわ》で多摩川に合流するまで、強い流れとゴルジュの悪場をあちこちにつくっている。

それに対して秋川は、同じ水系とは思えないほど穏やかな表情を見せる。秋川は月夜見《つきよみ》山を水源とし、月夜見沢を源流とする北秋川と、三頭《みとう》山の南西から都民の森を通る三頭沢を源流とする南秋川の2つの水源をもっている。だがどちらも、北秋川は藤倉で、南秋川は数馬《かずま》で山里に下りてからは、所々で両岸ともに岩場はあるにしても、激流という雰囲気はない。

檜原《ひのはら》村役場のある本宿《もとしゅく》で南北秋川が合流し、単一の秋川となってからは、その穏やかさが際立ってくる。岸に広々とした河原をもつ「川」とは呼べないが、森が迫り、磨かれた岩が岸を形づくる、渓

谷独特の山間地の「谷」である素顔を見せながら、それでもたおやかに流れる姿は美しい。その穏やかで親しみやすい姿のために、昔から、岸辺にはキャンプ場やバーベキュー施設が作られ、渓流釣りの人も多く集まる。子ども連れでも、大人がちゃんと付き添って見ていれば安心して楽しめるのが秋川渓谷だ。東京や首都圏の者にとって「安心して楽しめる川遊びの谷、川」という存在だ。これが多摩川だと、たとえば青梅《おうめ》市の河川敷にある釜ヶ淵公園のように、整備された渓谷の公園でも流れが強い。遊び場としては少し怖い印象がある。

穏やかな秋川本流に比べその支流には、小粒ではあるが手応えのある急峻な沢があちこちにある。

僕が秋川流域で初めて沢登りで訪れたのは、南秋川源流の三頭沢だった。バスの終点で、どん詰まりの集落である数馬のさらに上、最後の人家のある大平が出発点だった。鞘口《さいぐち》峠へと向かう登山道から沢に降り立つといきなり、高さ20m弱の幅広で美しいスダレ状の滝が現われ、驚かされた。なにしろ僕の手元には遡行図等、一切なかった。地形図ではそんなに傾斜のある沢とは思えず、穏やかな南秋川水源の沢歩きを予想していたので、はじめは緊張した。この最初の滝は傾斜が緩く、快適に直登した。小さな滝が連続し、登山道を3回横断した。その間にも5m前後の小滝があり、なかには水線通しには登れないものもあった。

しばらく穏やかな流れが続いた後、暗いゴルジュが始まった。なめていたわけではないが、ザイルなどは持っておらず、よほど登山道に引き返そうかと思った。狭くて湿ったゴルジュの中に10m前後の滝が続き、高巻きもいったんゴルジュの上に出て、沢に戻る場所を探し、下降する……を繰り返す。二段の滝があって、その辺りから沢の中の滝は再び5m前後の高さになり、少し安心する。

この上に幅広い美しい滝が現われ、釜に入って越えると前方に大滝が現われた。この大滝の存在は事前に知識があり、「やっと来たか」と、その迫力ある明るい大きな滝との出会いを喜んだ。この大滝は高度感はあるけれど、大きなホールド、スタンスがあり、右壁を快適に登れた。この大滝の上で周囲の様相は一変する。沢の両岸は明るく開け、広葉樹の森が広がっていた。沢はゴーロだが、サワグルミ、ナラ系の木々、最後にはブナまで現われた。奥多摩でも屈指の自然林の森が、緊張の沢の上に続き、思わず笑みも浮かぶ。三頭沢は、避難小屋の水場に出て終わった。1970年の5月中旬、まだ奥多摩有料道路の建設は始まっておらず、沢の脇に赤いペンキのマーカーが付いているだけだった。

この三頭山と三頭沢は、70年代の奥多摩有料道路建設で大きな変貌を余儀なくされた。大平の人家の上に有料道路の料金所ができ、沢を2車線の車道が横断した。おそらく二段の滝の下辺りが、車道が沢を渡る箇所だ。「都民の森」が造られ、ご丁寧に三頭の大滝まで幅広い歩道が造られた。さらに、大滝を観賞するため、不釣り合いなほど立派な巨大吊橋が架けられるに至って、周囲の雰囲気は一変する。吊橋は落ち口よりも少し高い位置にあり、そこから見下ろす景色は高度感いっぱいだ。大滝はハイキングルートのハイライトとして誰もが簡単に来られる場所に変貌し、沢沿いには登山道も整備された。

だが、森自体は変わらない。説明の看板が随所に立ち、サワグルミやミズナラの美しさを伝える。ここは、もう沢登りの場所ではない。整備された登山道になった。

この三頭沢の遡行図が、白山書房発行の『東京周辺の沢』(現在、在庫なし)に、車道から二段の滝付近に下降して大滝を登るルートとして紹介された。発行された当時は、きっと大滝も登れたのだろう。今は、それを行なう勇気はない。監視カメラの付いた観光地となった大滝は、沢登りという冒険を行なう場所ではなくなってしまったからだ。

強い印象を残した三頭沢ばかりでなく、秋川流域は沢の宝庫だ。

五日市の市街地の西の沢戸橋付近で秋川に合流する盆堀《ぼんぼり》川には、遡行時間1時間で終了するユズリ葉窪《はくぼ》、出合に手強い大滝をもつ三郎ノ岩道窪、大小20本の滝がかかり25m大滝でシャワークライミングまで強いられる石津窪《いしづくぼ》、狭い縞模様のゴルジュをもつオリソコナイ(オリゾクナイ)沢、小滝が連続し大滝をもつ栗ノ木尾(栗ノ木王)沢と、遡行価値のある沢だけで5本の沢登りルートが存在する。

奥多摩で、日原奥と並ぶサルの生息地として知られる南秋川の小坂志《こざかし》川流域は、盆堀川流域に比べると穏やかで、沢がつくり出す山の豊かさを満喫できる沢が多い。ただ、小坂志川左岸に、柏木野《かしわぎの》集落から生藤《しょうとう》山へと延びる万六《まんろく》尾根へ向け、稜線近くまで届く車道が建設され、美しかったキットウ沢は右俣、左俣ともに破壊されてしまった。車道の建設にもかかわらず、この流域の中核を担う小坂志川本谷は、豊かな緑の中に3～6m前後の滝を穏やかなナメ床の中に点在させ、甲武相《こうぶそう》県境尾根に膝程度のササを踏み分けて立つことができる。北面の谷なので、稜線に出たときの明るさへの戸惑い、桂《かつら》川の上に見える大きな富士山の姿など、沢歩きという言葉がぴったりの沢だ。ほかにも、右岸から注ぐ戸倉三山の最高峰・市道山《いちみち》から流れ出すウルシヶ谷沢は、ゴルジュを越えた所にある二俣から右俣に入れば四段26mの滝があり、それぞれの段で違った滝登りが体験できる。ツメも明るい広葉樹の森だ。右俣を遡行し、穏やかな左俣を下降すれば市道山の周回登山も可能だ。湯場ノ沢は出合に古い鉱泉跡（小さな風呂桶が残っているらしい）があるので「湯場」と名づけられたようだ。ここには2～3mの小滝を中心に20近い滝を擁す「オキの万六のゴルジュ」があり、沢登りらしい緊張感が味わえ、最後は小笹の中を万六尾根に到着する。

生藤山山頂付近を水源とする矢沢軍刀利《ぐんだり》沢は、秋川流域随一の遡行価値をもつ。この沢も10mクラスの3つの滝を含む20以上の滝があり、一つ一つの滝が個性的で、最後は生藤山、三国峠のどこかに登り着く。この稜線からの富士山も大きく、暗い谷筋を歩いて来た者には眩しい展望が待っている。矢沢の右俣である熊倉沢は、左俣、右俣とも水流が少ないのは残念だが、小滝が連続する楽しい沢だ。

南秋川の沢は一つ一つの遡行時間が短く、元気な人なら一日に何本もの沢を遡行できるだろう。僕自身、盆堀川流域を初めて訪れた高校生のときは、石津窪を遡行して市道山に立ち、千ヶ沢林道（現在、廃道化）を下降し、オリソコナイ沢、栗ノ木尾根沢の核心部を遡行し、沢の横の踏み跡を下降し、最後にユズリ葉窪を遡行して、盆堀川の魅力を充分に味わった経験がある。武蔵五日市駅まで疲れ切って歩いたが、標高1000mにも満たない秋川流域入口の山々が深山のように感じられ、満足感でいっぱいだった。

北秋川のすばらしい沢に触れることはできなかったが、南北秋川の沢の多くは、僕がこの流域で沢登りを始めたころには、遡行図等はほとんど紹介されていなかった。5万分ノ1地形図を見て、沢の幅が狭く、急峻な地形や、地理的に重要な意味がある水量の多い沢を一つ一つ確かめるように歩いてきた。今でも、遡行図の発表や遡行記録の公表を見ない沢が無数に存在する。

穏やかな、たおやかな、レジャーを含めて多くの人を惹きつける豊かな秋川の本流と、小粒ながら訪れた者に確かな達成感を与えてくれる、滝を秘めた無数の沢。これらが、今日もひっそりと僕たちの訪れを待っている。

29 章

美しい三角錐の鷹ノ巣山

　1980年代に入った初冬の12月中旬だった。僕は社会人になっていて、小学校時代からの友人と二人の山行だった。仕事を終えて電車に乗り、夜10時過ぎの奥多摩駅に降り立った。駅で降りたのは、迎えの車が来ていたり、足早に歩きだす人ばかりで、寒い奥多摩駅前で荷物を整理していたら誰もいなくなった。めざすのは六《む》ツ石《いし》山から鷹《たか》ノ巣《す》山で、できれば雲取《くもとり》山まで行きたかった。

　駅から日原《にっぱら》川の橋を渡り、スナックの横からコンクリートの道を登りだす。家々には明かりが灯り、こんな時間に登山をしているのが、なんとなく後ろめたく、急坂を速足で登っていった。車道から歩道へと、迷いながら稲荷神社の境内を抜け、ようやく杉林の登山道を登りだした。雨が降ると赤土がヌルヌルする斜面も、乾燥注意報が連日出ているさなかだったので快適に歩けた。夜の山は、スギの人工林では真っ暗だが、落葉した広葉樹の森に入ると妙に明るい。大岳《おおだけ》山方面の山が夜空にクッキリと見えている。寒い。日付が変わり、寝場所を探しながらの登りだ。

　三ノ木戸《さぬきど》山を巻き、広い斜面を登るようになると、登山道から外れて尾根の背に出た。東側が開け、遠くの町の明かりが美しい小さな広場に泊まることにした。落ち葉が分厚く積もっていて、頭上からは月が煌々と周囲を照らす。ガスコンロで日本酒を温め、飲む。風はまったくなく、しんしんと冷え

るなか、落ち葉の上に霜がうっすらと降りた。着られる物は全部着て、シュラフに潜り込む。日本酒の酔いで周りの木々が揺れて見える。月が眩しくてシュラフの入り口を手ぬぐいで覆った。

目を覚ますと、東の空が真っ赤に染まっていた。足元でかすかにカサカサと音がして、見ると、異常に大きな尻尾をしたキツネが足元で立ち止まり、こちらを見ている。友人は眠剤を飲んだらしく、揺すっても起きない。ただ一人で10秒ほど対面したキツネは、サッと身をひるがえして落ち葉を蹴散らし消えていった。

もう一度、眠ってしまった。しばらくして、歌いながら登ってくる元気な登山者がやってきて目覚める。すっかり明るくなったなか、体についた落ち葉を払い落とし、登山道に戻った。足元には長い霜柱がいっぱいできている。やがて尾根は広がり、傾斜も落ち、六ツ石山の肩に出た。山頂に向かう道をとる。山頂からの展望、特に西側の眺めはみごとだった。

石《いし》尾根縦走路に戻り、将門《まさかど》馬場に出た。初めて訪れたとき、周囲ではカラマツの植林が始まっていたが、そこはまだカヤトで、平《たいらの》将門《まさかど》が乗馬の練習をしたという伝説が残る、馬場にふさわしい平地だった。だがこのときはもう、馬場の面影などないカラマツ林になっていた。巻き道はとらずに尾根道をたどると、城山を過ぎた所に目立つブナの巨樹があり、広葉樹の道が続く。防火帯が拓かれた尾根は人工の草原ではあるが、枯れススキの生えた広い尾根は美しかった。水根《みずね》山を越えたら鷹ノ巣山は目の前だ。どのルートから登っても標高差が大きい鷹ノ巣山も、六ツ石山でいったん石尾根に上がってしまえば大きな登りもなく、無理なく到達できる。南側は一面の草原だ。遮るものもない鷹ノ巣山への登りからは、奥多摩じゅうの山と、大菩薩《だいぼさつ》、南アルプスが眺められ、歩いて来た僕たちを歓迎してくれた。

この日は石尾根縦走路の巻き道はとらず、日陰名栗《ひかげなぐり》ノ峰、高丸山、千本ツツジと、いずれも１７００ｍを超える、奥多摩でも標高の高いピークを一つ一つ登り、七ツ石山に立った。

雲取山は目の前だが、朝、グズグズと寝ていたために、もう初冬の太陽は三窪《みくぼ》高原辺りを真っ赤に染めて沈みそうだ。そういえば、２日間晴れっぱなしだった。途中からヘッドランプを出し、最終バスに間に合うよう、鴨沢《かもさわ》への道を駆け下った。

鷹ノ巣山は標高１７３７ｍ。雲取山から奥多摩駅へと東に延びる石尾根（正確には七ツ石尾根）のなかでは標高も高く、美しい山容を持つ。石尾根縦走の途中に立ち寄られることが多いものの、日原《にっぱら》から登っても、奥多摩湖下の水根から登っても、奥多摩湖奥の峰谷《みねだに》から登っても、それぞれに魅力があり、単独で登られることも多い。

南側の奥多摩主脈から眺めると、明るい色を見せてピークを連ねる石尾根の山々の中に埋もれてしまい、山頂の特定にも時間がかかるほど目立たない。一転、北側の長沢背稜《ながさわはいりょう》上の酉谷《とりだに》山や三ツドッケ周辺から見た山容は、屹立したみごとな三角錐で、秀麗である。

鷹ノ巣山に登るとき、最も大きな感動があるのは中日原《なかにっぱら》からの稲村岩《いなむらいわ》尾根ルートだ。日原の集落から日原川を渡り、巳《み》ノ戸《と》沢沿いの暗い道を登り、ザレた斜面をジグザグに登り詰める稲村岩尾根。日原の象徴、トンガリ帽子のような稲村岩から鷹ノ巣山へと続く尾根だ。稲村岩手前のコルからは、一瞬たりとも傾斜が緩むことのない急峻な登りだ。最初はわずかにカラマツの植林があるが、やがて尾根は広葉樹の道となる。ナラをはじめとした木々は新緑も紅葉も美しい。初めて小さな下りがあり、古い指導標のあるのがヒルメシ食いのタワ。日原から延々と登りつめ、小さな下りの先にあるコル。きっと、昼ご飯が食べたくなる場所なんだろう。ここからの最後の登りは木の根につかまるような急峻さで、疲れているとトドメを刺される気分だ。周囲には徐々にブナが現われ、やがて巨樹に囲まれる。木々の中に明るい空間が見えて、放り出されるように鷹ノ巣山山頂に到着する。一気に展望が開け、吹き抜ける風は最高だ。

かつては、この稲村岩尾根に向かう途中から尾根上部と八丁山を結ぶ鞘口のコルへと向かい、鷹ノ巣山避難小屋の西側の巳《み》ノ戸《と》ノ大《おお》クビレへと抜ける、傾斜が緩くて広葉樹が美しい巳ノ戸林道があった。急登はわずかで歩きやすく、しかも原生林に覆われた人気ルートだったが、鞘口のコルの先に大きな崩落が何カ所かでき、修復不可能なため廃道になってしまった。

僕自身が鷹ノ巣山に初めて登ったのは、奥多摩湖の下、水根からだった。ちゃんと記録をとってあり、１９６７年４月29日の登山だった。水根の集落を抜け、沢登りの名所・水根沢沿いの道は終始、沢を見下ろしながらの登りだった。随所に鉄砲出し（伐採した材木を人工的な鉄砲水で下流に流す木材搬送方法）の櫓が沢の中に組まれていること、大滝と思われる滝が見えたことが、茶色く変色したノートに書かれてある。途中で沢を横断して急峻な登りをジグザグに登り切り、榧《かや》ノ木尾根に出た後、山頂に行く道がわからず縦走路の巻き道に入ってしまった。このころから濃いガスに包まれて、視界がないなかで間違いに気づき、草原を無理やり直登し、風とガスの山頂に立った。春浅い時期で、下のほうでミツバツツジの紫がきれいだったこと、カラマツがわずかに緑色の新芽をつけていたことが記されている。ここから水根山、城山を越えて将門馬場に出て、六ツ石山に向かい、登頂する。このころから激しい雨が降り、ドロ道に転びながらずぶ濡れになって奥多摩駅（当時は氷川《ひかわ》駅）へ下った。それまでに体験した奥多摩の山とは比べ物にならないほど、山の大きさを実感した、中学1年生の体験だった。

奥多摩北端の峰谷の集落から、東京でいちばん標高の高い集落・奥を経て、大きな風格ある浅間神社を越え、カラマツの植林からブナ、ミズナラの美しい尾根を登り続け、鷹ノ巣山避難小屋前に出るルートは明るい森の中の道だ。奥多摩湖畔からヤマザクラの名所・倉戸《くらと》山を越えて榧ノ木山に立ち、さらに水根山から山頂に向かう榧ノ木尾根のルートは5時間近いロングルートだ。

日原の標高は600m。奥多摩湖畔は525m。どのルートからも1100m以上の標高差を制して初めて立つ鷹ノ巣山は、もし近くに日本百名山・雲取山がなかったら、美しいブナの森と南面の明るい広大な展望も加わり、奥多摩の東京都管内の雄として、もっと有名になれたはずだ。

鷹ノ巣山もまた、多くの沢の源流となっている。鷹ノ巣山の肩ともいえる水根山を水源に、奥多摩湖下に流れ落ちる水根沢は、下部のゴルジュと釜のへつりで知られ、多くの遡行者を迎える奥多摩屈指の人気を誇る沢だ。鷹ノ巣山の避難小屋の水場となっている坊主谷は、谷の中に大きな滝を次々とかけ、サワグルミやカツラの木々が美しい沢だが、これまで遡行者と出会ったことがない静寂の谷だ。北面では、鷹ノ巣山の山頂直下から、中間に直登可能な大滝をかけ、日原の集落の対岸で日原川へ注ぎ込む鷹ノ巣谷をはじめ、巳ノ戸ノ大クビレを水源とし、厳しい忌山の瀑流帯や大滝を持つ巳ノ戸谷、美しい穏やかなナメ滝とナメ床の続く日陰名栗沢など、遡行価値のあるみごとな沢が多い。

鷹ノ巣山は、奥多摩特有の防火帯が稜線の大部分を覆っているものの、その切り開かれた草原は、かつては夏のヤナギランのお花畑で知られ、秋にはススキに覆われ、もはや鷹ノ巣山の自然の一部となっている。浅間尾根の中間、稲村岩尾根の上部、城山の西などには美しいブナの森が生きていて、奥多摩の中では自然が保たれている貴重な山だ。手つかずの自然が残っているため、クマ、シカ、キツネ等、多くの野生動物が活動する山域でもある。特に鷹ノ巣山北面の日原川側には登山道がなく、水源林管理の歩道と消えつつある仕事道があるだけだ。

ガスと強風のなかで山頂に立った初めての訪問から、何度となく登った鷹ノ巣山。今も山頂には、明るい風が吹き抜けているはずだ。

30章

奥多摩、奥秩父で最大の草原　雁峠

辺り一面が濃い霧に覆われていた。カラマツと広葉樹の明るい森を抜けて木がまばらになり、クマザサが左右から被さる道だった。登山道自体はしっかりしているのに足元はよく見えず、ササについた滴で濡れながら歩いた。

日原《にっぱら》の日陰名栗《ひかげなぐり》沢を遡行し、雲取《くもとり》山で1泊して、飛龍《ひりゅう》山、笠取《かさとり》山を越え、水干《みずひ》を訪問して西へ向かっている最中だった。霧が動き、薄日が差し、周囲が少しずつ見えだした。目の前にキツネ色をした草原が見えていた。尾根上を歩いているはずだが、何段にも重なり合った広大な広場の中に僕はいた。さらに霧が大きく動き、前方に燕《つばくろ》山が立ちはだかるのが見えた。「この草原が雁峠《がん》なんだ」と、夕暮れが迫るなかを歩いた。

道はさらに先へ続き、少しずつ下り始めた。下り切った草原の真ん中に、雁峠を示す古い標識が立っていた。標識は東西、南北に行き先が記されているようだが、もう何も読めないほど風化し、古木のようだった。

風が吹きだし、一気に周囲の様子が見えだした。後方（東側）に先ほど下りてきた笠取山が、防火帯と点々と生える木々をまとって三角錐の美しい山容でそびえていた。笠取山は多摩川水源の稜線の

西端に位置するが、南側の大菩薩《だいぼさつ》付近から見ると、どこが山頂かわからない小さなピークでしかない。それが雁峠から見ると、さすがに大河・多摩川の重要な水源の山だと思わせる風格があった。明日、向かう方角には燕山がジグザグの登山道を刻み、これもまた明るい草原を従えて堂々としている。南には大菩薩が黒々と大きい。

北側・秩父側の、暗い森が峠に迫る場所に小屋があることに気づいた。登山地図にあった雁峠山荘だった。すぐ近くなので行ってみる。四方にガラス窓を贅沢に使った明るい小屋なのだが、この日は無人で、入口に落ち葉が堆積し、通年営業の山小屋の雰囲気はなかった。脇に指導標があり、小屋前から下る踏み跡が、釣橋小屋を経て川又《かわまた》・秩父《ちちぶ》への道であることを示していた。無人の小屋は、なんとなく恐いものだ。中に入ってみる気にはなれなかった。

峠の小広い乾いた広場にツエルトを立て、今日の宿にする（現在、テント指定地は笠取小屋前）。快晴になった空から笠取山が夕日を受けて輝いている。山麓ではミツバツツジが咲きだす季節だったが、峠の草原には緑の気配はまだまだなく、カラマツの幼樹に小さな芽の緑色がかすかについているだけだった。水は山梨側に3分ほど下りた所からしみ出すように湧き出していた。

ツエルトの入口に座り、コンロを点け食事をしながら、夕方から夜に変わりだす山々の景色をゆったりと眺め続けていた。月が明るすぎて星は見えない。月明かりに煌々と照らされる大菩薩が美しかった。

夜はツエルトの壁越しに月が透けて見えた。フクロウとジュウイチのかすかな鳴き声が一晩中聞こえていた。一人が好きなくせに、一人が寂しくて、夜の山が怖い情けない性格なのに、この夜だけは違った。奥多摩西端の夜を満喫していた。雁峠の広がりが、気持ちを大きくしてくれたのかもしれない。

翌朝、少し霜が降り、朝日に草原がキラキラと光る峠は夢のような世界だった。多摩川と笛吹《ふえふき》川の分水嶺の尾根にも防火帯が刻まれ、周囲の多くは見晴らしのよい草原の連続だった。笛吹川を挟んで奥秩父最高峰・北奥千丈岳《きたおくせんじょう》の、裾を大きく広げた雄大さが特に目を引いた。このまま山を眺めて過ごし、昼ごろに広瀬の新地平《しんちだいら》に下りようかと思ったが、まだ知らない雁坂《かりさか》峠に縦走し、奥多摩の沢から雲取山と雁坂峠をつなぐ、僕としては新鮮な試みを最後までやり遂げたかった。

荷物をキスリングザックに放り込み、燕山の明るい日が当たる草原を登りだした。古礼《これい》山、水晶山を越えてたどり着いた雁坂峠は、甲州と武州を結ぶ奥秩父主脈の要であり、日本三大峠の名にふさわしい、峠らしい峠だ。雁峠と共に、どちらも南面の展望に優れ、草原を持ち、晴れ晴れとした気持ちにさせる山稜の峠だ。

でも、峠をめざした者にとって、草原に寝転び、空を見上げ、大きく深呼吸をして雲の流れと共に山を歩きたいのは、雁峠だと思った。

渡りの季節になると、集団でカギ状の列を作って空を渡っていくガン。そのガンが、高い山脈の最も標高の低い峠を探して越えていくことからつけられた名前が雁峠であり、雁坂峠なのだ。

1973年の当時、もうすでに、甲州から武州へと峠を越えて行く道は、秩父側でかすかな踏み跡になり、消え去る一歩手前だった。交通機関の発達が、徒歩による峠越えの習慣をなくし、まだアプローチのよかった山梨側では登山道として生き延びたものもあったが、もはや「越える」峠の体はなしていなかった。そんな秩父・武州側の峠道を下る日がやってきた。

その後、人生で唯一、山から遠ざかった2年間を経て、80年ごろから僕の登山のライフワークとなったのは、奥秩父北面、つまり荒川水系の谷や沢の遡行だった。なかでも毎回厳しい遡行を強いられた、大洞川《おおぼら》（将監峠《しょうげん》が水源）、滝川（雁峠西の水晶山が水源）、入川《いり》（甲武信《こぶし》ヶ岳が水源）は、最も僕を惹きつけた谷だ。沢の中でどうしても1泊しなければならず、夕暮れギリギリで下山する、強烈な遡行がそこにはある。

そのなかの一つの滝川水晶谷を遡行中、核心部のゴルジュの中で仲間が足の不調に見舞われ（結果的に亀裂骨折だった）、最も安全だと思われるブドウ沢へと逃げ込んだ。美しいナメ滝の連続を越えて、原生林とササの中を抜けて到達したのが雁峠だった。そのとき、峠の北面の森の中に見つけたのがボロボロのオート三輪（三輪の自動車。60年ごろまで活躍）だった。その不思議を考える余裕もなく峠に立ち、秩父側・栃本近くの川又に下るために、あの雁峠山荘にあった、釣橋小屋から川又・秩父へ、の標識を頼りに、そして何よりも、当時の地形図にくっきりと記された歩道記号の破線を信じ、ケガをした仲間を真ん中にして踏み跡を下る。道はブドウ沢に沿い、一部はその枝沢を下り、原生林の分厚いコケの中に刻まれたジグザグの道を下りた。前日の昼ごろに通過した釣橋小屋跡（当時、既に倒壊）へと下り着いた。大きく傾いた滝川の吊橋を渡り、雁坂峠・黒岩尾根道（当時は廃道）に出て、ボロボロの敗残兵のようになりながら、夜になって川又へと帰った。

川又、秩父への峠道は、そのころはかすかに生きていた。あれから40年近くたった今では廃道となり、さすがに峠越えは無理だと思うが……。

「峠越え」といえば、現代の峠越えの主流である道路建設が、この周辺でも大々的に行なわれた。雁峠には、50年代から「開かずの国道」140号を峠越えで建設する計画があった。何度も測量が行なわれ、可能性が探られたが、雁峠の標高は1840m。当時の技術では冬季を含めて通行できる道路を建設するのは無理があった。そこで、雁峠ではなく雁坂峠の下に、全長6・6㎞の雁坂トンネルを掘り抜いた。それで逆に雁峠の静謐は保たれることとなった。雁坂トンネルについては、トンネルで稜線上の景観を損なわなかったのでよかったではないか、と言われたが、滝川の谷を破壊し、水晶谷の美しい沢の水は涸れ果て、決して影響がなかったとは言えないのだ。

雁峠も、手つかずの自然が太古からそのまま保たれていると思っている人がいるかもしれないが、奥秩父側で伐採が計画され、柳沢峠から延々と延びる斉木《さいき》林道が建設され、車両が木材を搬出した時代があった。あの峠北面のオート三輪は、まさにその時代の遺物だった。斉木林道自体は一部が現存し、水道水源林関係者などが軽トラックで笠取小屋付近まで乗り入れ、現在では伐採とは逆に水源林保護のために使われている。

70年代中期まで、雁峠、笠取山、水干は、今よりはるかに人気が高く、多くの登山者が集う場所だったと思う。落合から犬切《いぬきり》峠を越え、多摩川水源への道をたどる者。作場平《さくばだいら》から水源と笠取山と雁峠を訪れる登山者。そして雲取山から多摩川水源を縦走して雁峠をめざす者。広瀬・新地平から広川沿いを経て雁峠へ登る登山者など。必ずしもアプローチがよいとはいえない雁峠に人は登り、草原のみごとな広がりを楽しんだ。

当時は笠取山荘が通年で営業していたことと、小屋番の田辺正道さんの人柄もあって宿泊利用者が多かった。当時は日帰りが難しかった雁峠だったが、小屋泊まりで登る人が多かったのだろう。今、あのにぎやかだった笠取小屋周辺も静かな場所になった。

雁峠は、初めて訪れた浅春の枯れた草原の季節の後、初夏はレンゲツツジが、そして夏には色とりどりの花が草原を一面に埋めていた。シカの食害で花は失われてしまったが、明るさは変わらない。奥秩父西部と比べれば積雪量は少ないが、遮るものもない銀世界が2月ごろには出現する。四季を通じて明るい峠である。

初めて訪れたときに感嘆したあの草原の規模は、奥秩父を含めても最大といえる。いつも強い風の抜ける雁坂峠とは違い、そよ風の雰囲気が似合う、明るさに満ちた雁峠だ。

31
章

孤高の山　天祖山

雲取《くもとり》山山頂から東のほうを見ると、日原《にっぱら》川上流に、左手の長沢背稜《ながさわはいりょう》とも、右側の石尾根とも少し距離を置いて、黒々とした姿を浮かべる山がある。それが天祖《てんそ》山だ。周囲を取り巻く長沢山や鷹《たか》ノ巣《す》山、七《なな》ツ石《いし》山と肩を並べる大きな山だ。

天祖山は、奥多摩のなかでも取り付きにくい山だ。最も近い日原からでも往復には7時間近くかかり、アプローチにバスを使うと、日帰り登山では時間的にギリギリになる。何より、醸し出す雰囲気が全体に暗く、黒木のイメージが強く、孤高の雰囲気とあいまって、最初から行きにくい山だと考えていた。そんなわけで、初めて訪れたのは奥多摩の山では最後のほうになる、１９７１年７月中旬だった。高校の期末試験が終わった後の試験休みを利用した。例年だと梅雨末期の悪天の時期だが、その年は梅雨明けが早く、快晴だった。

初日、鴨沢《かもさわ》から雲取山山頂に向かい、昼過ぎには山頂に立っていた。翌日に長沢背稜の水松《あららぎ》山手前から天祖山に向かう予定だった。夕方、日原川方向にガスが湧き上がり、西側の日没を背に大きなブロッケンが現われた。虹色の輪の後ろに天祖山が浮かび上がり、その瞬間、なんとなく行くのが億劫だった気持ちが、神秘性に満ちた天祖山に絶対に登ろうという気持ちに変わっていた。

翌朝、雲取山山頂に立った。夏独特の霞んだ空気ではなく、日の出の太陽で東京湾がオレンジ色に光っていた。その明るい雰囲気のなか、凛として立つ天祖山があった。「あそこに行くんだな……」。慣れ親しんだ雲取山を出発する気安さと、初めての山に登る高揚した気分が交錯していた。

長沢背稜は、いつもどおりスズタケが登山道に覆いかぶさり、芋《いも》ノ木《き》ドッケから平泳ぎのようにかき分けながら歩く。咲き残りのアズマシャクナゲが美しかった桂谷ノ頭、ちょっとした岩場のある小屋背戸ノ頭を越え、長沢山山頂に立つ。この山頂も、東京都管内の奥多摩では屈指の標高１７３８ｍ。遠くから眺めれば三角錐の美しい大きな山容にもかかわらず、単独で目標とされることのない不遇の山頂だ。

この長沢背稜は、芋ノ木ドッケから長沢山までは巻き道がなく、東京と埼玉の都県境を愚直に歩き続けるが、その先で埼玉県側に大きく回り込み、それから南に向かって二重山稜になった尾根を、今度は東京都側へ入る。わかりやすい長沢背稜にあって唯一、まごまごさせられる場所だ。少し下り、水松山の西の肩で、南の天祖山へ向かう道が長沢背稜から分岐する。

その当時の山行記録のノートには「天祖山に向かう尾根に入ったとたん、今までとは違うモーレツなヤブコギ。足元の登山道はシッカリしているのに体重をかけて押し分けないと前に進めないスズタケの密生が行く手を阻む。梯子坂のクビレで孫祖谷方向への道を分け、梯子坂ノ頭に出るまで、ひたすらヤブコギだった」とある。その先、ブナの巨樹に驚き、左右に分かれる獣道に困惑し、急にスズタケから解放された。そこには大きな社殿があり、そこが天祖山の山頂であり、山頂を占有する天祖神社があった。展望は一切ない。黒木の人工林だと思っていたが、広葉樹の原生林だった。遠くからは黒々とした黒木の山に見えたが、天祖山は見事な広葉樹の山だった。

初めて訪れた山頂は、木々に囲まれた静寂の地だった。ヤブこぎによる腕と全身の疲れが治まるまで、キスリングザックに寄りかかってしばらく休んだ。頭上にだけ空間の広がる空には、夏の訪れを知らせる入道雲が雄大に広がっていた。

久遠の山頂から下り始めてすぐに、天祖神社の社務所と、信仰のために登る人が利用する籠堂と呼ばれる立派な宿泊施設があった。覗き込むと障子や襖のある日本家屋で、一般家庭のようなトイレや台所もついていて、奥多摩の他の山小屋とはまったく違う立派な建物だった。恐る恐る、玄関の扉を引いたら開いた。入るのはマズイと思って、そこで静かに建物に背を向けた。下山後に調べてみてわかったが、この天祖神社は8月上旬から中旬にかけて、白装束の信者が代わる代わる訪れる修行の場となっていたようだ。ただ、その宗教は徐々に下火になり、当時はまったく訪れる者がいなくなってしまったとのことだった。

きれいにササが刈られた急峻な尾根道を下る。石灰岩の白い岩の尾根を歩き、美しいブナの森からミズナラの森に変わる所で、大日天神という、これも立派な社殿が現れた。そこからは森の中のスズタケが生えたジグザグ道を下り続けると、日原から雲取山に向かっていた旧道が合流し、日原川の畔の車道に下り着いた。あんなに晴れていた空は真っ暗になり、激しい夕立が降り続けるなかを日原へと下山した。

　後日、日原の郵便局の方と親しくなり、天祖山について教えてもらった。もともと天祖山は地元では白石山と呼ばれていた。山頂東側の巨大な石灰石の岩峰（立岩）が信仰対象とされ、その白い姿が名の起こりだったという。

　明治政府の神道国教化政策により引き起こされた廃仏毀釈の過程で、民間新興神道の「天学教」が生まれた。その開祖が天祖山で荒行を行ない、神社を建立し、信者の宿泊施設としての籠堂を建て、天祖山は天祖神社に参拝し修行する場所になった。それとともに白石山は天祖山と呼ばれるようになった、とのことだった。一時は10万人を超える信者を擁する天学教だったが、敗戦と、現人神《あらひとがみ》として神聖不可侵だった天皇が人間宣言をしたことで国家神道が衰退し、それにつれて天学教も徐々に信者を減らしていった。僕が訪れた71年の前までは、それでも白装束にワラジ履きの信者が訪れていたが、いつしかそれさえも廃れていったとのことだ。僕が訪れたころの天祖山の名は、そう呼ばれだして１００年ほどしかたっていない新しい名称だったことになる。

　天祖山が宗教の山としての意味を失いだしたそのころ、天祖山には巨大な破壊の波が押し寄せていた。

　奥多摩駅前に巨大な工場がある。日原などで採掘した石灰石を加工する、奥多摩工業の工場だ。以前は奥多摩の入口にあたる青梅市成木《なりき》や日向和田《ひなたわだ》で採掘していたが、いずれも鉱床が枯渇し、採掘の場は日原周辺に移っていく。70年代初期は、日原中心部の下部、トボウ岩（日原川左岸）、対岸の日原鉱床（右岸）で大々的に露天掘りが行なわれていたのを思い出す。トボウ岩が大規模に崩壊し、車道が通行止めとなって、日原が完全孤立する事態があった。その後、長いトンネルが掘られて復旧したのだった。あのころ、横スズ尾根や鷹ノ巣山稲村岩尾根を歩いていると、採掘現場からサイレンと発破の音が頻繁に聞こえていたのを思い出す。

日原にとって石灰石採掘は基幹産業だ。日原から無人トロッコが川乗橋の上流で日原川を渡り、トンネルを通って奥多摩駅前の巨大工場まで運んでいる。

新たな石灰石の採掘現場が、なんと天祖山立岩になったのを知ったのは70年代中期だった。「立岩破壊反対」の自然保護派の集会が東日原であり、クライマーの手で、立岩に巨大な横断幕が張られたのを思い出す。

立岩を中心とした東斜面が大きく削り取られた、と聞いた。それから数年後、長沢背稜を歩いていて、水松山から滝谷ノ峰にさしかかったとき、間近の天祖山東面から発破の音が聞こえた。そして東面は山麓から山頂近くまですべて原生林が剝がされ、巨大岩壁が出現し、ひな壇のような段差が作られていた。巨大重機、建物の列。あの、孤高と静寂とで近寄りがたかった天祖山は、もうそこにはなかった。

初めて訪れた日から40年近くたった12月のある日、日原から八丁橋を経て、かつて下った天祖山表参道を、今度は登ってみた。この山を埋め尽くしていたスズタケはシカの食害できれいさっぱりなくなり、急斜面が露出して、そこに古くからあった登山道は妙に高度感を増していた。原生林は葉を落としていて、背後の鷹ノ巣山などが遠望できた。大日天神も健在だった。そして、社務所と籠堂は古び、あちこちが傷んではいたが枯れ葉のなかに立派に建っていた。天祖神社が山頂に鎮座するのは変わらない。山頂の南西面の原生林は伐採され、明るく展望のある山頂へと変化していた。西には手が届きそうな近さで雲取山があり、雲取山荘の赤い屋根さえ見えた。初めてこの地を訪れた仲間は、僕の「山頂に展望はないよ」の言葉が裏切られたことを喜んでいた。

立岩での採掘はほぼ終わったのか、発破の音などはなかった。天祖山の山頂東面がごっそりとなくなり、白い斜面が東京都心からも見えていることは、山頂にいるとわからない。原生林に覆われて頭上しか見えなかった山頂は、再び静寂の山頂になった。

立岩の基部を通り、大展望の立岩の上に立ち、御供所、オロセーの休ン場等を経て孫惣谷《まぐそ》に沿っていた裏参道は通れなくなり、梯子坂のクビレから御供所に下る、消えそうな道が残る。

天祖山は、奥多摩でも遭難の多い山となってしまった。スズタケがなくなって斜面が剝き出しになり、ルンゼのトラバースなどで滑落した人や、裏参道方面で長期行方不明の人などがいると聞く。つまり山が荒れてしまったのだ。

天祖山の標高は1723m。鷹ノ巣山や酉谷山と並ぶ高い山だ。東面を除けば、依然として原生林に覆われている。青葉の季節は展望はないが、新緑のころや紅葉の散る季節には、原生林の枝の間から展望が楽しめるはずだ。

32章

都心からも大きく見える馬頭刈尾根

東京都心から奥多摩を見ると、大岳山《おおだけ》の左手に雄大に延びる尾根がある。一つの山脈と言っても通じるほどに量感のある尾根は、武蔵五日市《むさしいつかいち》駅近く、養沢《ようざわ》川と秋川本流が合流する十里木《じゅうりぎ》に達している。この尾根の名は馬頭刈《まずかり》尾根。中間に馬頭刈山という展望に優れた山頂をもつ。

この尾根を初めて歩いたのは秋真っ盛り、大岳山山頂付近では紅葉が始まっていて、キラキラした秋の光が眩しい日だった。大岳山から南東に延びる馬頭刈尾根は、尾根の上にヤマザクラの木々があり、その葉が美しく赤く染まりだしていた。緩やかに下っていく尾根から、北秋川・白倉への大岳山表参道が分岐する。その先をわずかに行くと左に大岳鍾乳洞への道が分かれ、ここまで安定していた道が、岩場まじりの急峻で滑りやすい道に変わる。この尾根一番の悪場かもしれない。小さな上下を何回か繰り返し、ようやく再び安定したカラマツ交じりの登りとなって、富士見台・大怒田《おおぬた》山に登り着いた。

富士見台からはその名にたがわず、頂上付近だけ冠雪した富士山が美しかった。当時、この馬頭刈尾根は人気の登山ルートで、山麓の人が尾根上の数カ所で茶屋を営んでいたが、この富士見台の茶屋はほかとは規模が違い、登山バッジやペナントも売っていて、つぶれた炭焼き窯の跡で盛大に焚き火

を起こし、大きなヤカンでお茶を提供していた。精悍で笑顔の多い中年の男性と話してみたら、山麓の千足《せんぞく》の方だった。

富士見台をあとに、わずかに進むと、目の前に高さ20mほどの岩場があり、取り付いている人がいた。「これがロッククライミングか」としばらく見とれた。さらに進むと、はるかに大きくて傾斜の強い、明るい岩場が現われた。この岩には圧倒された。高さは50mほどあり、左右にも大きく広がるみごとな岩だった。地図で「つづら岩」であることを知る。この岩場には3組ほどが登っていて、岩場の基部では何人かが岩登りを眺めながら、ザイルの結び方などを練習していた。

岩場の右端に急峻な踏み跡を見つけた。「これを登れば岩の上に出られるのかな？」と思い、登ってみた。アセビの灌木につかまり、大小の岩の庇の間を抜けていくと、やせた稜線の上に出た。そこからつづら岩の頂点と思われる場所をめざす。太陽の眩しい岩の上に出た。思わず出る歓声。秋の日に照らされた、その日一番の穏やかな展望がそこにあった。北秋川の上には平坦に延びた浅間《せんげん》尾根がある。その後ろには笹尾根がどこまでも長く続いていた。さらに後ろの権現《ごんげん》山の向こうには、午後の太陽に逆光になっていたが富士山のシルエットがあった。尻もちをつきながら岩場から下った。「これがつづら岩か。いつか岩登りに来てみたい」。そう思いながら、静かになった尾根歩きに戻った。

この先、馬頭刈尾根は小さな上下を繰り返す。標高はあまり変わらないように感じられる、登っては下り、また登るような道が続く。この辺りから、御岳《みたけ》山山頂付近の宿坊が見えた。ひとしきり急な登りが続き、登り着いたのが鶴脚《つるあし》山。暗い人工林の林と、明るい広葉樹の森とが交互に現われ、やはり小さな上下を繰り返す。また登りになると、やっと馬頭刈山の山頂に着いた。1970年の当時、山頂には、展望台というには立派すぎるコンクリートの見晴らし台があった。その上からは、越えてきた大岳山や、そこだけ岩場がくっきりと見えるつづら岩が、秋のさまざまな色に飾られて鮮明に見えた。

　この尾根からは、地図にもガイドブックにも書かれていない小さな道が、北秋川方向へ何本も分かれる。山頂下に小さな神社がある高明《こうみょう》山を過ぎると、急速に標高を下げ始める。はっきりした道は左の養沢川のほうに下っていたが、右へ右へと下り続けると車道に出合い、秋川沿いのキャンプ場に出た。そこには日帰りキャンプや渓流釣り、バーベキューを楽しむ家族連れがいた。長駆、奥多摩駅から歩いて来た者の目には、楽しい別世界に見えた。そして、ようやく十里木のバス停へ。

　奥多摩駅から鋸《のこぎり》尾根を登り、この秋川河畔までコースタイムで8時間近く。高校生だったので体力もあり、寄り道しても6時間程度で歩いたが、秋の日は、もう夕暮れの気配だった。バス停で時間を見ると、まだ次のバスまでだいぶあったので、武蔵五日市駅まで町の中を歩いた。駅までは遠かった。大岳山には何回も登っているのに、まだ歩いていなかった人気の馬頭刈尾根を歩いた達成感は大きかった。

　この馬頭刈尾根は、その後、何度も歩いた。通して歩いたというより、横断したり、岩場へのアプローチとして通過したり、という具合だったが、なかでも最も強く印象に残ったのは、晩秋、つづら岩への岩登りに向かったある日のことだった。

初めて馬頭刈尾根を歩いてから10年が過ぎていた。そのころ僕は、ある山岳会の新人で、本格的に岩登りをするようになって数年がたったころだった。その山岳会では、岩を登りに行くときは同時に、重荷を背負って速いスピードで歩くことが課題とされていた。

僕は当時、土曜は半日勤務。40年以上を経た今でも僕の山の指導者であり、一番の相談相手であると信じている3歳年上の彼は、日曜休みの週6日勤務だった。僕は土曜の午後から奥多摩駅裏側の氷《ひ》川《かわ》屏風岩で単独で登攀練習をして、夜8時に駅で彼と落ち合い、夜道を歩く計画だった。

氷川屏風岩ではザイルを固定し、ユマール（登高器）で登攀し、懸垂下降するのを繰り返して、真っ暗になってから駅へと向かった。駅前の食料雑貨店で焼酎とウルメイワシを購入し、彼と合流、小走りのようなスピードで鋸尾根を駆け上がり、今はもうない大ダワの鋸山避難小屋に入った。小屋の暖炉で火を燃やし、焼酎を飲んで寝た。

翌早朝、大ダワから見る北側の日原《にっぱら》川上流から雲取山にかけての眺めはすばらしかった。山肌を紅葉に染めた山々が浮き上がって見えていた。そんななか、再び小走りで大岳山を越え、富士見台を越えたときだった。「おい、あれサルナシじゃないか?」。彼が言い出した。僕はサルナシを知らなかった。それは小さな楕円形の実で、熟した味はキウイフルーツのようだった。遊び心に満ちた彼は木に攀じ登り、ガサガサとサルナシのつるを揺さぶって採った。「絶対に30分だけだぞ」とお互いに約束していたのに、僕たちは3時間近くサルナシ採りに夢中になった。ビニール袋も、空になっていたコッヘルも、薄緑色の山の果実でいっぱいになった。ついでにヤマブドウも採った。このサルナシの半分以上は下山後に焼酎に漬けられ、その年の正月登山の酒に変身した。

昼近くになってようやく、つづら岩に取り付いた。正面の壁を攀じ登り、下降し、また登り、降り……。主だったルートを一通りトレースしたころには、手元が見えないほどの晩秋の夕暮れが訪れていた。僕は最短コースの千足に下るものと思っていたが、彼は「馬頭刈尾根を下る」と言い出した。月が見えていた。月明かりで歩くことにした。まだ昼の残照がかすかに感じられたが、鶴脚山を越えるころ、人工林では真っ暗になった。ヘッドランプを点けると足元は照らされるが、あれほど浮かび上がっていた周囲の山は見えなくなる。その不思議を感じながら尾根を歩いた。五日市の町が明るい光の塊のように見えるすばらしい光景と月明かりのなか、十里木に下りた。この日も武蔵五日市駅までヨタヨタになって歩いた。

千足からつづら岩へと向かう登山道は、最初に訪れたころは荒れてひどい道だったが、その後「関東ふれあいの道」として整備され、歩きやすい道に変身した。関東ふれあいの道は、千足の集落から、落差が大きい堂々とした天狗滝、幅広くサラサラと落ちる綾《あや》滝を経て、つづら岩で馬頭刈尾根に出て、富士見台を越え、養沢川の大滝へと下り、大岳鍾乳洞に出る道として整備された。馬頭刈尾根を横断し、さまざまな要素が短い行程に現われる素敵なコースである。

馬頭刈尾根から北秋川へと向かうたくさんの踏み跡を、気ままに下ったことが何度かある。そのなかの一つ、馬頭刈山の手前から下る、泉沢という集落へ向かう道だったが、途中から道の両側がシクラメン栽培のビニールハウスとなり、さまざまな色の花の中を歩いた。

秋が訪れ、晩秋から初冬となった季節、東京から夕焼けに染まった西の空を眺めると、富士山の右側に大きく立ちはだかる大岳山。それを支える柱のような馬頭刈尾根は、富士見台、つづら岩、鶴脚山、馬頭刈山と、一つ一つが特定できるほど、その姿をはっきりと見せてくれる。そのなかに岩場を隠し、滝を落とし、豊かな山の幸を秘め、山里の花の栽培の場を擁して、大きく黒々と残照のなかに浮かんでいる。一つ一つのコースとして縦走するだけでなく、そのすべてを少しずつ味わってみてほしい馬頭刈尾根だ。

33章

なくなってしまった奥多摩小屋とテント場

ブナ坂から雲取山へと向かう明るく広々とした石《いし》尾根は、北側はカラマツ林、南側は展望の広がる、開放感いっぱいの道だ。行く手には飛龍《ひりゅう》山が大きく見えて、その左手には南アルプスの姿も見え隠れする。稜線を吹き渡る風が爽快だ。しばらくは急峻な登りもない。切り開かれた防火帯は人の手で作られたものだが、もう何十年もの歳月を経ており、連続する明るい広場が太古からそこにあったかのように、登山者には受け止められている。展望と風の中を登山者が進んでいくと、目の前に「ダンシングカラマツ」と呼ばれるS字によじれたカラマツの木が現われる。防火帯の中でポツンと、この木だけが伐られずに残されている。

ちょっとした登りがあり、ヘリポートがあり、その先に、平屋建ての赤い屋根の奥多摩小屋はあった。小屋自体はカラマツの森に囲まれているが、小屋から一歩出れば、そこには五十人平《ごじゅうにんだいら》と呼ばれる広場がある。小屋は東京都西多摩郡奥多摩町に立っているが、小屋の前の道を挟んだ木造りのブランコのある所は、すでに山梨県南都留郡丹波山《たばやま》村だ。小屋の前に立てば、目の前にヨモギ尾根が、その後ろに飛龍山から続くミサカ尾根が、そして大菩薩の上に富士山が見える。絶景をほしいままに堪能できる。

最も近い登山口は奥多摩湖畔の鴨沢《かもさわ》で、ゆっくり歩いて4時間半。小屋から雲取山までは1時間みれば充分な距離だ。登山の拠点となる山小屋としては抜群のロケーションである。ただ、奥多摩小屋は食事は提供しない。小屋の宿泊者は自炊の装備と食料を持参していた。

ここは奥多摩では数少ないテント指定地だった。小屋前の広々した尾根は傾斜が緩く、尾根北側の森の中や、南側の段々になった場所にもテントが張れた。雲取山周辺では、雲取山荘前や三条の湯、七ツ石小屋に指定地があるが、それらと比べれば収容力が格段に大きく、奥多摩屈指のテント場といってよかった。水場は、奥多摩小屋前から南の斜面を下って5分。昔のように音を立ててほとばしるほどの水量はないものの、後山《うしろやま》川となって多摩川本流に合流する奥甚助窪の水源として、冬でも水が枯れることはない。

奥多摩小屋には「自炊のみ」という大きな制約はあったが、小屋のファンは多かった。国体登山競技を機に1959年に建設され、僕が小屋前を最初に通ったのが1967年なので、当時は建設から8年目。木の香も新しい瀟洒な小屋に思えた。もちろん、中学生だった当時、素泊まりといえども宿泊する費用は捻出できず、山頂の避難小屋に大量の水を担いでいって泊まった（当時は「非常時以外宿泊禁止」の決まりはなかった）。

奥多摩小屋の管理人は何度か代わったが、みな親切で、山の状態や、周囲をうろつくクマの話や、小屋周辺の花の種類、ヤマウドなどの山菜のことを、通るたびに教えてもらった。

岡部さんという方が小屋番として定着したのは、いつからだったろうか。自ら「岡部仙人」と名乗っていて、小屋周辺の自然に、すっと溶け込んだような人だった。山小屋の管理人として優秀だったかと尋ねられるとわからないが、山好きの人とはすぐ親しくなれる人だった。

日原《にっぱら》川上流に、豊富な水量で、所々にゴルジュをつくって流れ落ちる唐松《からまつ》谷がある。そこを何回目かに遡行したとき、以前は高巻いていた「野陣ノ滝」「大滝」をできれば直登したい、と挑んだことがある。野陣ノ滝は最初の垂直の一段目を突破すると傾斜を落とし、残置支点がなくて怖かったものの、突破できた。次の大滝は左の壁上部に小さなバンドがあり、意外にも登攀可能だった。この二つの悪場の突破に気をよくして、唐松谷林道を越えて水源を極め、奥多摩小屋前にさしかかったとき、小屋前の木彫りの椅子に座った岡部さんが、全身ずぶ濡れの僕らに「どこから登った?」と聞いてきた。「唐松谷です」と答えると、上部まで遡行したことに興味を持ち、谷の詳細な様子を尋ねてきた(彼とまともに話すのは初めてだった)。

小屋の中に招き入れられ、乏しい薪をストーブに惜しげなく燃やし、お茶までいれてくれた。相棒はバスの時間を気にして下山したが、僕は小屋に泊まることにした。ほかに宿泊客はおらず、岡部さんはギターを弾いていた。歌うわけではなく、ひたすら旋律を奏でていた。足元に小さく動く物があり、見るとネズミだった。岡部さんは塩化ビニールの細い管を口にくわえると、「フッ」と息を吹き込んだ。何をしたのか一瞬ではわからなかったが「吹き矢」だった。ネズミは足元に小さく転がっていた。

その後、岡部さんの姿を見ないと思ったら、彼は下山しており、代わりの人が見つからずに奥多摩町が困っていることと、次の管理者を探していることを聞いたのは2004年のことだった。あの場所なら、代わりの管理人はいくらでも現われるだろうと思っていた。

結局、雲取山を越えた雲取山荘が管理人を派遣することで、この件は片がついた。よく考えれば、主要な登山口である鴨沢登山道の安全のためにも、小屋番不在は無視できなかったのだろう。小屋には、Iさんという中年のおとなしい穏やかな方が主に入っていた。その方も数年で山を下り、雲取山荘から交代で人が入るようになった。なかに、Mさんという比較的若い、色白の青年が入ることが多くなった。あまりおしゃべりせず、時として、冬でもストーブ一つ、ランプ一つつけずにジッとしているタイプの人だった。14年2月に奥多摩を襲った歴史的な大豪雪の際には、奥多摩小屋は長期間孤立し、3月に救援の人々が登ってきたときには、食料の備蓄が少ない小屋のため、極めて厳しい状態になっていた、とのことだった。

奥多摩町が積極的には奥多摩小屋に関わらなくなり、雲取山荘関係者が管理をするようになってから、小屋の老朽化が進んでいった。厳しい自然環境にある山小屋は、絶えず積極的な補修と管理を必要とする。小屋番が常駐し、周囲の清掃等は行なわれても、修繕などの管理が行なわれなければ、小屋と、小屋に依存したテント場は維持できない。

その背景として、雲取山を巡る大きな動きがあった。老朽化した雲取山荘は99年、さまざまな困難を乗り越えて全面的に建て替えられ、山小屋の雰囲気自体は壊さないままに、羽毛布団や炬燵なども完備した清潔な小屋に生まれ変わった。雲取山に近い食事付きの山小屋として、大半の登山者が利用する小屋になっていった。と同時に、38年から運営していた秩父鉄道から、実質的な山小屋の主であった新井新太郎さんとその家族の所有となった。また、長年にわたり雲取山の表玄関は埼玉県側の三峰《みつみね》神社だったが、2007年に三峰ロープウェイが廃止されると登山者の流れが大きく変わった。青梅線・奥多摩駅から奥多摩湖畔の鴨沢ルートを経て雲取山山頂に向かう登山者が、雲取山登山者の大半を占めるようになったのだ。

雲取山は、日の長い季節に駆け抜ければ日帰りも可能だが、一つ一つのコースを味わって登るには、やはり宿泊が必要だ。山中には、後山川上流に山の湯宿であり素朴な雰囲気を失わない三条の湯があり、収容200人の雲取山荘があり、収容12人と小規模でも富士山の展望がすばらしく、楽しい七ッ石小屋がある。奥多摩小屋は必要不可欠な山小屋ではなくなった。

18年ごろから唐突に、老朽化を理由とした奥多摩小屋撤去が話題に上るようになった。19年には奥多摩町が撤去に伴う予算を計上した。登山団体もマスコミも、この期に及んで反対の声を上げ、代替案も交差したが、不首尾に終わった。

04年に奥多摩町が奥多摩小屋の経営に消極的になったときが、奥多摩小屋の運命の分かれ道だったと思う。あのとき、本来、地方自治体がとるべきだったのは、公共財としての奥多摩小屋の公開入札だったのではないか。志ある者の挙手を求めれば、資金面で困難はあったにせよ、よりよい山小屋として建て替え、登山者の便宜を図るために立ち上がる者はいたはずだ。残念ながら、それはなされなかった。

近年、テント場は小屋番が常駐する山小屋の周囲にしか設置されない傾向にある。トイレがあり、水場があり、清掃管理する態勢がありさえすれば、テント場適地として使えそうな場所でも、奥多摩、奥秩父ではテント指定地となることはない。鷹ノ巣山避難小屋前、御前山避難小屋前、三頭山避難小屋周辺など、自主管理でテント場が維持できそうな場はいくらでもあるのだが。

奥多摩小屋は、もう、機能していない。近くに山ヤの志を持つ七ツ石小屋があるので、登山者の安全は守られるだろう。ただ、あの風の音と、眩しい光と満天の星が魅力の奥多摩小屋は、もうない。

34章

多摩川水系・大菩薩北面の山々

奥多摩とは、どこからどこまでを指すのだろうか？　今、手元にある『山と高原地図』（昭文社）の奥多摩版を広げると、そこに示された範囲は、かろうじて飛龍山《ひりゅう》が左の隅に載っているものの、基本的には秩父多摩甲斐国立公園内の東京都管内となっている。現在、奥多摩を訪れる登山者の多くも、その範囲が奥多摩だと思っているだろう。僕が「奥多摩には標高2109mの唐松尾山《からまつお》があり、そこが最高峰だ」と言うと、「えっ？　奥多摩の最高峰は雲取山《くもとり》じゃないの？」と返されてしまう。

だが、1960年発行の『アルパインガイド　奥多摩の山と谷』（奥多摩山岳会編、山と溪谷社刊）では、多摩川水系のすべての山と谷と岩場が詳細に書かれており、奥多摩の範囲を「多摩川水系を生み出した山々」と規定している。多摩川水系を生み出した山々が奥多摩だという、わかりやすい区分である。

この考え方によれば、大菩薩《だいぼさつ》の北面や小菅《こすげ》川水系の上流の山々までが奥多摩に入ることになる。

実はこの区分は、植生や地質などでも明確な境界線になっているという。石灰岩やチャートを基本とする奥多摩の岩は、青梅街道の最高点・柳沢峠の西南では花崗岩が主流となり、また、同じくマメザクラの分布も奥多摩では希少だが、甲府盆地側斜面ではよく見られる。

この連載「奥多摩」の最後に、大菩薩北面との出会いを紹介したい。

僕が大菩薩を初めて訪れたのは68年12月だった。いま思えばもっと楽な方法をとればよかったのに、僕たちは丹波《たば》大菩薩道を登りにとった。土曜の夕方、奥多摩駅（当時は氷川《ひかわ》駅）発の最終・丹波行きのバスに乗った。出発時はすでに真っ暗。車窓から見下ろす奥多摩湖は漆黒の闇の中に沈んでいて、心細さを掻き立てた。丹波山村役場前でバスを降りたのは21時ごろだった。当時のノートを見るとヘッドランプはまだ持っておらず、各自、頭に巻いたタオルに懐中電灯を挟んで歩きだす。高尾の集落を抜け、越ダワから藤ダワへとトラバースの道を歩き、マリコ川を飛び石伝いに渡った所で道に迷い、手分けして探した。この後、追分、ノーメダワ、木寺山と少なくとも3カ所で、星明かりだけの闇の中で道を探して右往左往した。これは、まだ子どもで登山経験が少なかったこともあるが、当時の5万図に出ていない道が多数、網の目のように通っていたせいもあると思う。たとえば追分では小菅集落に向かう道が分岐し、ノーメダワからは登山道以上に明瞭な大黒茂林道が分かれ、木寺山でも小菅道を分けていた。そのたびに行き、戻り、また行くを繰り返し、日付が変わってからフルコンバ小屋に着いた。歩き出した丹波山では満天の星空だったのが、ガスが立ちこめ、雨が降ってきた。僕たちは、この屋根しかないフルコンバ小屋に泊まるつもりだったが、吹き抜ける風雨に、大菩薩峠の北にあるという大菩薩無料休憩所をめざした。雨はみぞれになり、やがて本格的な雪になって、登山道を埋めていった。

当時の記録にはこう書かれている。「弱くなった懐中電灯の灯りの中を横殴りの雪が舞う。そしてゴーゴーと風が吹き抜ける場所に出た。標柱があり、首のないお地蔵さんがあった。そして峠の介山《かいざん》荘があった。無料休憩所に行く力はすでになく、小屋のガラス戸を叩くと中から灯りがついた」

こうして大菩薩峠への最初の登山は奥多摩側からとなった。記録には、朝になって人心地がつき、その後、温厚な人柄で知られる小屋主に叱り飛ばされたことも書いてあった。

翌朝、強い降雪のなか、妙見ノ頭、雷岩《かみなりいわ》を越えて大菩薩嶺《れい》に登頂し、小菅へと下った。この道も、左右に仕事道が数多く分岐する登山道だった。

次に大菩薩を訪れたのも奥多摩側からだった。69年11月。今、考えれば無謀の極みだが、登山道の記述のない大菩薩北尾根を登る計画を立てた。多摩川の三条新橋で、南側から合流する泉水《せんすい》谷に落ちる尾根だ。大菩薩嶺からダイレクトに落ちる北尾根は、5万図に登山道の表記はない。手元には資料も何もない。ただ、地形図の等高線が示す北尾根は明瞭で、下りに取れば枝尾根に迷い込むこともあるだろうが、登りで迷うはずがない！　無知が生む確信だった。

結論から言えば、この見込みは正しかった。今回は、前回の大菩薩での子どもなりの反省からツエルトを持ち、ビバークに備えて水を担ぎ上げた。ただ、11月の日照時間の短さ、密生したスズタケのヤブと、重なり合った倒木との格闘は、計算に入っていなかった。

晩秋の最後の紅葉のなか、泉水谷を渡った。予想もしなかった立派な吊り橋が架かっていて、靴を脱いで徒渉するつもりだったので大喜びした。「もしかすると、北尾根へと続く道？」と期待したが、そこまで甘くはない。この橋は東京都水道局のものだった。

地図に従って、落ち葉が堆積した急斜面を攀じ登り、最初の三角点に着くと固形燃料の空き缶が落ちていて、僕らと同じく、この北尾根を登る者がいることを知った。北尾根は終始、スズタケとの格闘だった。突然、極めて明瞭な道が中間で北尾根を横断し、そこで、なんと登山者と出会った。彼は「ここは大黒茂林道だ」と教えてくれて、その道を西へ歩き泉水谷上部に出ると言った。さらに、固形燃料の落ちていた場所が不動滝ノ峰、前方に見える小ピークとのコルが二のタル、そして丸川峠道との合流点の手前のコルが一のタルであると教えてくれた。

登り続けるとスズタケが薄くなり、苔むしたコメツガの原生林の斜面となり、ここまでのような苦労はなくなってきた。背後には雁峠から唐松尾山、将監《しょうげん》峠、飛龍山へと続く多摩川水源地帯の美しい山々が見えていた。日没直前に丸川峠からの登山道に出て、大菩薩嶺に登り着いた。大変なルートだったが、地図を読んで自分のルートを見つけ、登る喜びを知った。

この山行は大菩薩北面の、言い換えれば大菩薩の奥多摩側の概念を把握するのに極めて役立った。と同時に、縦横に走る水道水源林管理の道の存在に強く興味を持った。この日は立ち込めてきたガスの中、懐中電灯の明かりで歩き、大菩薩峠手前でツエルトを被って泊まった。翌朝、新雪をまとった南アルプスが甲府盆地の上に美しく立ち並ぶのを、息を飲んで見守った。

大菩薩は南西面の明るい草原の広がりと、北東面の重厚な原生林によってハッキリと区分される。この北東面の大菩薩こそが、奥多摩の特徴である森と水の魅力の部分なのだ。

僕たちは、大菩薩峠から石丸《いしまる》峠に出て牛《うし》ノ寝《ね》通りへと向かった。シラビソ、コメツガの森から、紅葉真っ盛りの広葉樹の尾根の美しさを堪能し、ショナメから小菅へと駆け下りた。

次の大菩薩訪問も、丹波からだった。71年2月の高校入試休みに、大菩薩で長期の山行を試みた。初日は丹波から青梅街道を三条新橋まで歩き、ツエルトで泊まった。翌朝は、歩きだしからワカンでのラッセルで、泉水谷林道の終点まで歩き、丸川峠をめざした。林道終点には森林整備の拠点である大きな泉水小屋があった。ここから深雪をラッセルし、風雪の吹き荒れる丸川峠に立った。驚いたことに小屋に人がいて、ストーブの前で鎌倉彫を行なっていた。休ませてもらっている最中、お昼のニュースで、同行している仲間の学校に「入試粉砕」の火炎瓶が放り込まれたと知らせていたのを思い出す。

丸川峠の暖かいストーブを後に、大菩薩嶺まで降雪の中の登高が続く。風雪、ラッセル……。コースタイム1時間のところを3時間かかって大菩薩嶺に立った。大菩薩峠への道はホワイトアウトでわからず、原生林の中にツエルトで泊まった。

翌朝、天候は回復し、富士山に向かって歩くような雪尾根が美しかった。このときは、また牛ノ寝通りをたどり、大マテイ山でさらに一泊し、鶴峠まで縦走した。大菩薩東部が奥多摩へと続くのを雪の縦走で体感した4日間だった。

70年代以降、大菩薩の南西面は極めて大きな開発の波にさらされた。東京電力の葛野《くずの》川開発により、小金沢《こがねさわ》連嶺の下に上日川ダムが造られ、そこから小金沢山の下を送水管が通って小金沢には発電所が造られ、長峰の下から土室沢にもダムができた。大菩薩登山口（裂石）から上日川峠を越えて「福ちゃん荘」までも舗装路ができ、タクシーが標高1700mまで登山者を運ぶ。さらに湯《ゆ》ノ沢《さわ》峠、大《おお》峠への車道など縦横に走る車道は、大菩薩連嶺を登山の山から観光の山へと変貌させた。

にもかかわらず、多摩川水系の大菩薩は、泉水谷の車道（ゲートあり）が六本木峠と黒川山・鶏冠《けいかん》山との間を通り青梅街道まで周回する形で建設された以外、目につく変化はない。

あの、風雪の小屋で赤々とストーブを焚き、1週間、誰とも会話する機会がない大自然のなか、木を彫るノミを止めなかったという、ひたむきな小屋番の姿が、奥多摩のなかの大菩薩には残っていると信じたい。

おわりに

奥多摩の山と谷のなかで、少年のころに最も強い刺激を受けたのは多摩川源流の大常木谷《おおつねぎ》だった。できたばかりの一ノ瀬林道から降り立った多摩川本流の、幅広で水量の多いナメ滝を滑り降り、出合に立ったときの驚き。多摩川水系で唯一、奇跡のように残された、堰堤も伐採も一切入ったことがない谷の出合は、どこかの名家の玉砂利が敷き詰められた庭のようだった。頭上から瀑水を浴びて突破した五間ノ滝。はるか上から霧となって降り注ぐ千苦ノ滝。足が立たず泳いで渡った山女淵、早川淵。その上に二段になって落ちる、この上なく優美で苔むした不動ノ滝が抱く釜。吸い込まれそうな釜を見下ろしながら直登した緊張。一瞬の隙もなく、まったく気の緩む瞬間を与えず、次々と美しいもの、激しいものを見せ続けた谷は、この不動ノ滝を最後にまったく別の表情を見せて、これまた訪れた僕たちを驚かせた。左右から流麗な支流が注ぐ谷がつくり上げる、サワグルミやカツラの森の大きな広がり。そこで解放感いっぱいの夜を過ごした。焚き火の炎が作り出す悪魔的な独特の雰囲気。まだ高校生で飲酒の習慣はなかったが、まさしくこの焚き火の夜に酩酊した。越えてきたゴルジュのすばらしさを大声でしゃべり続け、そして時折訪れる沈黙も、この原生林と大焚き火があれば気づまりではなかった。こんな素敵な夜を、この奥多摩で何度体験したことだろう。

秋川上流のカヤトの広がりもまた、訪れた者を有頂天にさせる独特の解放感をもつ。晴れていてもひんやりとして暗く、鬱蒼とした原生林を抜け出して立った小河内峠《おごうち》の、強い風の吹き抜ける南面一面が茅原となったなかに登りつめたときに感じた、宙に放り出されたような浮揚感。明るい防火帯の広い尾根を登り、立った御前山《ごぜん》からどこまでも続く、こちらも明るすぎる湯久保尾根のカヤトの展望の尾根。できれば、この尾根が永遠に続き、日常生活へと下り着くことがなければ……と夢想するほど、あの明るさと解放感は僕を魅了した。

焚き火を囲んだ谷でのビバークの一夜、カヤトの原を歩いた晴れた午後、それはまさしく、僕にとっての学校だった。きれぎれの廃道を心細くたどり、出合った廃屋の生々しい生活の跡へ馳せた思い、雨の日、ブナの幹の美しい輝き。毎日を意識的に生き、次の山への思いを生みだし、それを一つ一つ積み上げていくことの楽しさが、奥多摩の山と谷にはあった。

奥多摩は、より高く、より激しい山へ登るための練習場所でもなければ、訓練の山でもない。この一見、地味な山塊は、夢や希望を与えてくれる。人間が本来あるべき姿、自然と格闘するからこそ共生する、人が人らしく生きる術や、不思議な魅力がギッシリと詰まった場所なのだ。

奥多摩のたくさんの山、谷、道、出会った人について書き続けてきたが、まだまだ語り尽くせない多くのことがある。この残りは、一緒に訪れた谷で焚き火を囲みつつ、夜明けまでの長い長い時間の中でポツリポツリと語ることとしよう。

山田哲哉（やまだ・てつや）

1954年、東京生まれ。山岳ガイド「風の谷」主宰。日本山岳ガイド協会会員。風の谷では、アルピニスト講座、やまあるき講座を展開。近年はほぼ毎年、ヒマラヤの5000〜6000m級の未踏峰に登頂する企画を実施している。著書に『奥秩父　山、谷、峠そして人』『山は真剣勝負』（東京新聞出版局）、『縦走登山』（山と溪谷社）など。日本ペンクラブ会員。

奥多摩　山、谷、峠、そして人

2020年3月30日　初版第1刷発行

著者 ——— 山田哲哉

発行人 ——— 川崎深雪

発行所 ——— 株式会社 山と溪谷社
〒101-0051
東京都千代田区神田神保町
1丁目105番地
https://www.yamakei.co.jp/

印刷・製本 — 大日本印刷株式会社

デザイン —— 千本 聡
（細山田デザイン事務所）

DTP ——— ベイス

イラスト —— 信濃八太郎

地図製作 —— 株式会社千秋社

校正 ——— 與那嶺桂子

●乱丁・落丁のお問合せ先
山と溪谷社自動応答サービス
TEL 03-6837-5018
受付時間／10:00〜12:00、13:00〜17:30
（土日、祝日を除く）
●内容に関するお問合せ先
山と溪谷社　TEL 03-6744-1900（代表）
●書店・取次様からのお問合せ先
山と溪谷社受注センター
TEL 03-6744-1919　FAX 03-6744-1927

Printed in Japan　ISBN978-4-635-28068-6